【中华国学经典精粹】

中华汉字故事

张洁　编

北京联合出版公司
Beijing United Publishing Co.,Ltd.

图书在版编目（CIP）数据

中华汉字故事 / 张洁编. —北京：北京联合出版公司，2017.5（2023.5 重印）
（中华国学经典精粹）
ISBN 978-7-5596-0305-0

Ⅰ. ①中… Ⅱ. ①张… Ⅲ. ①汉字—通俗读物
Ⅳ. ①H12-49

中国版本图书馆CIP数据核字（2017）第088278号

中华汉字故事
作　　者：张　洁
选题策划：宿春礼
责任编辑：宋延涛
封面设计：新纪元工作室
版式设计：新纪元工作室
责任校对：付玮婷

北京联合出版公司出版
（北京市西城区德外大街83号楼9层　100088）
三河市冀华印务有限公司　新华书店经销
字数：130千字　787毫米×1092毫米　1/32　5印张
2017年7月第1版　2023年5月第6次印刷
ISBN 978-7-5596-0305-0
定价：15.80元

故事之美，生生不息

两千五百多年前，孔子曾在河边发出这样的感叹：“逝者如斯夫，不舍昼夜！”光阴如白驹过隙，在同样的春夏秋冬中，人类走过了不同的悲欢聚散，最后沉淀下来的，就是我们所知道的历史。

华夏子孙世代相传，从古至今没有改变的是对文化的热忱和尊重。从史官秉笔直书，到文人惜墨如金，无不源于我们对古老的文化与生俱来的崇拜。时间留给中国人的财富，就是沉甸甸的五千年历史。而在这历史的河床之下，酝酿着中华文化的精髓——国学。

四书五经、经史子集，穷则独善其身、达则兼济天下的贤者智慧；诗词曲赋、琴棋书画，变幻的形式之下延伸着我们对美的追求和触摸；亭台楼阁、水榭雕栏，普通的生活也可以充满诗情画意；太极八卦、针灸推拿，在有限的人生之中也可以聆听自然永恒的大道……传统生活的衣食住行皆有精粹，它们是民族的灵魂，也是五千年历史的生动传神之所在。

用故事的方式向孩子传授国学常识，它的意义已经远远超过了教育，而是一种爱的表达，更是对历史的交代、对后人的负责、对民族的贡献。因为，只有懂得欣赏传统、理解传统的民族才能传承并发扬传统文化精粹，而一个有着自己的灿烂文化的民族才会有光明的未来。

站在前人的肩膀上，孩子们可以看到更广阔的风景，经历更成熟的人生。因此，我们向家长呈现了这样一套书，包括中华上下五千年的历史故事、汉字故事、成语故事、寓言故事、神话故事、民间故事、谚语故事七本，将中国传统文化用故事的方式一一呈现。

有好书，还需要有眼光的人去赏识，有心的人去解读。对于孩子来说，父母就是最值得信赖的图书采购员、最合适的演讲者。经由父母的讲解介绍，这些林林总总的知识将更有效地传达给孩子，成为他们最熟悉的常识库，而父母为孩子讲解故事的过程也将成为他们年少时最愉快的学习经历。

这一套中华经典故事丛书，只要能培养出一颗谦逊好学的心灵，我们也就劳而无憾。我们拿出最好的知识，父母拿出一段时间和一份耐心，让孩子们走进经典故事中，这绝不仅是一场简单的分工协作，更是我们中华民族传递文化的火种。

前言

汉字是世界上最美丽的文字之一。汉字作为中华民族的象征，作为中华民族的语言交流工具，展现了人类语言中最富有魅力的古典情怀。无论是结构的匀称规则，还是形象的简约奇特；无论是读音的音韵旋律，还是字义的丰富深奥，汉字给人的美感是世界上其他任何文字都无法比拟的。印度前总理尼赫鲁曾经这样评价汉字：世界上有一个古老的国家，它的每一个字都是一幅美丽的画，一首优美的诗……

漫漫历史长河中，汉字以它独有的艺术魅力和学术价值得到了人们的喜爱。在汉字的使用过程中，人们深刻挖掘它瑰丽的美感和深厚的文化内涵，形成了一种中国独有的充满智慧的表达方式。为了让你充分体悟汉字的美妙，本书精心选编了包括缘起与变迁、构造与间架、谐音撷趣、辨字析词、汉字典故、炼字之妙、字谜艺术、标点史话、成语故事、俗语故事、汉字应用趣话等内容，以故事的形式娓娓讲述汉字的发展演变历程和许多与汉字有关的史实及逸闻趣事。

一则则妙趣横生的故事，让你忍俊不禁的同时，也了解到汉字的前世今生；一个个鲜为人知的逸闻趣事，在领你去探索历史的同时，又让你领略到汉字的瑰丽与神奇。

“汤水鸡买否”的故事让你在捧腹大笑的同时，时时警惕自己要书写工整。读完“添笔退侵兵”的故事则立即让你对汉字的妙用心生敬畏。“谐音巧破案”的故事会让你深刻体会汉字的音韵美。“枇杷并非琵琶”会让你巧妙地区分令人头疼的易混字。“一字一条性命”会让你在以后用字时不再马虎。

中国传统文化博大精深，汉字是理解传统文化的密码。本书为了避免学术性的枯燥，用故事连缀知识，用趣话解释问题，以故事为线索，充分挖掘汉字所蕴含的文化信息，将读者引入一个由汉字构建的既博大精深又美丽动人的五彩世界。阅读本书，你不仅可以从中了解丰富的汉字知识和文化，而且能够感悟更多的人文风情，从而丰富自己的视野，做一个充满智慧的人。

罗伊·兰德曾经说过：“阅读是永恒的乐趣。”愿每一位读者都能从本书中汲取有益的知识，得到无限的乐趣。

目录

第一章　汉字的前世今生

第二章　汉字的形体之美

第三章　汉字的音韵之美

第四章　汉字的多张面孔

第五章　历史人物和他们的汉字故事

第六章　汉字的炼字之妙

第七章　字谜的艺术

第八章　错别字故事与汉字忌讳

第九章　标点史话

第十章　成语故事

第十一章　俗语故事

第十二章　汉字的应用趣话

第一章　汉字的前世今生

仓颉造字

提到汉字的起源，就不得不说仓颉造字的传说。相传，在我国陕西关中有个叫仓颉的人，他生有四只眼睛，披着长发，留着长须，身穿兽皮，手里经常拿着一枝土笔。他的头部很奇特，头顶高高地隆起，显得特别聪颖过人。

他经常骑着毛驴，跋山涉水，去了解民间风俗习惯，收集民间流行的语言符号。他把收集的资料写在芦苇的叶子上，装在口袋里，让毛驴驮着。后来，毛驴走到今陕西省岐山县就累死了。

仓颉带着这批资料，就在岐山县住了下来。仓颉认真地观察天象，明察山水风雨演变的现象，辨识鸟兽的各式各样的脚印，以及车辆经过后留下的痕迹，辨析各种纹理的异同，并开始创造文字。

仓颉造出文字后，神灵为了感谢他，从天上投下粮食。不久，仓颉受命担任统一文字和领导文字改革的专职官员，成为黄帝的史官，记载史事，掌管部族的重大档案。

【知识链接】

仓颉造字的传说已有两千多年了，而且也有文字记载，但是其可信程度非常低。仓颉有可能是黄帝部族中极有影响的巫师之类的人物。而上古时期，巫师、史官是由同一个人担任的，仓颉在这方面做出过贡献，这样容易让人们把从事搜集整理文字工作的人误以为是汉字的创造者。

鲍超突围

据说清朝时，大臣曾国藩的部将鲍超曾被太平天国军队包围在九江，围城的太平军将领是陈玉成，外号叫“四眼狗”。鲍超是一个十足的大老粗，只认识他自己的姓，慌忙中他画了一张画儿叫人送给曾国藩。曾国藩打开一看，只见纸中间画了一个圆圈，圈里歪歪斜斜地写了一个“鲍”字，圈外画了四只狗。看完以后，曾国藩大吃一惊，知道鲍超让“四眼狗”陈玉成包围了，便立即下令派兵解围。从这个故事中，我们可以发现文字与图画有着密不可分的关系。

【知识链接】

汉字是为了记录汉语而出现的工具，是一种可以在相当大的范围内传递较多信息的工具。而想要接受信息的人和给予信息的人保持一致性，就需要写实性的图画架起沟通的桥梁。因此，汉字的起源和图画是密不可分的。不过从带有文字性质的图画转变为早期的象形文字还有一个漫长的过程，如果用来传递信息的图画只能识别，而无法读出声音，也就是说它还没有同语言建立起对应的关系，那么这时它还只是图画。只有当它和语言结合起来，变得可识可读，并且它总体的直观性经过分析，变为一形即一词，这时我们才可以说它是文字。

能吃的文字

甲骨文是三千多年前，人们在占卜和祷告时，刻在龟甲和兽骨上的符号和标记，用以记录当时发生的事，是我国现存最早的文字。说起甲骨文的发现还有一些趣闻。

相传一百多年前，河南安阳小屯的一位村民患了疥疮，浑身瘙痒，久治不愈。一日，他在村头河沿耕种之时，疥疮发作，痛痒不堪，情急之下，他随手捡起一块散落的龟甲，碾碎涂抹在身上，居然奇痒即止，仔细一看，疮脓也被龟甲粉末吸干了。他随即将河边的龟甲、兽骨都捡回家，如法炮制，几次之后顽症竟然治愈。这一奇事，一传十，十传百，人们都说这是龙骨显灵，此后，这些不起眼的龟甲、兽骨便以龙骨之名入药。

1899年深秋，一位名叫王懿荣的京城官员身患疟疾，药方中有龙骨这味中药，在验看药物时，他发现龙骨上有人工刻痕。在此之前也有不少人发现龙骨上有奇特的符号，但大多认为是龙骨的神奇之处，都未深究。而王懿荣作为当时有名的金石学家，对文字颇有研究。他大量收购药铺中的龙骨，经仔细识别研究，确认这些刻痕就是商代使用的文字。因这些文字刻于甲骨上，故被称为“甲骨文”，而王懿荣亦被称为“甲骨文之父”。

【知识链接】

甲骨文是用尖锐工具在龟甲、兽骨上镌刻而成，因而线条硬直、细长、方折。甲骨文形体不定，异体字较多。如“月”可正写、反写：☽、☾，字的个体性不强。有的两三个字连在一起，成为合文。

据统计，小屯村所发现的甲骨文已达十万多片，而据孙海波的《甲骨文编》统计，甲骨文单字有4672个，包括部分误计的异体字，已识别的约2800个。

饕餮的背后

传说在很久很久以前，有一对勇敢正直的龙夫妇，感情非常好。他们共生下九个儿子，但这九个儿子外貌都不像龙，性格、脾气、爱好也不大相同。其中第七个儿子叫饕餮，它的外形像老虎，威风凛凛，喜欢同别人打官司，仇恨恶势力。这种怪兽没有身体，只有一个大头和一张大嘴，十分贪吃，见到什么吃什么，由于吃得太多，最后被撑死，因此它是贪欲的象征。到商周时期，青铜器已经被大量使用。人们将这个有头无身的贪食怪兽的形象铸在青铜器上，不管是斟酒还是盛饭的器皿上都镌刻着它的花纹，因此被称为饕餮纹，亦称兽面纹，是西周早期的钟鼎彝器的常见纹饰。除了饕餮纹以外，还有夔纹、雷纹、云纹、风纹、鱼纹等。

【知识链接】

金文是起始于商代末期、盛行于西周的一种字体。这种文字是铸刻在青铜器上的，古代称铜为金，所以命名为金文。金文以刻铸在钟和鼎上的居多，故又名为钟鼎文。在钟鼎上刻镂，称为铭，所以金文又叫作铭文。

金文是由甲骨文演变来的，与甲骨文十分相近。

商周金文的主要内容是关于吉祥、勉励和庆功的话。据容庚《金文编》统计，至1957年，不重复的金文字共3000多个，已识别的有2000多个。

章友直的篆技

北宋书法家章友直，擅长写篆书，当时无人能及。

有一次，章友直被召到京师，翰林院的几位篆字待诏（官名）想要见见他。他们虽早已听说章友直的大名，可心中并不服气，双方一见面就是一番激烈的针锋相对："您的绝妙技艺我们很早就知道了，愿意当面领教领教您的笔法。"章友直让人用数张小纸黏成两张大纸，他提起笔饱蘸墨汁，在一张大纸上纵横各画十九画，成为一张围棋盘；又在另一张纸上画了十个圆圈，成为一个箭靶。那笔道的粗细疏密全都一样，毫发不差。几位篆字待诏一看，心悦诚服，惊叹不已。

【知识链接】

篆书是大篆与小篆的合称。大篆通常以籀（zhòu）文、石鼓文和钟鼎文等为代表。狭义的大篆指籀文，一般认为这是秦统一六国以前的文字。大篆较之金文，只是做了某些省减或改变，笔画更加线条化，形体更加匀称。

秦始皇灭六国后，为统一文字，采取了"书同文"的措施，改大篆为小篆。小篆与以前字体相比，具有如下特点：线条圆匀，笔画粗细大体一致；字体结构趋于定型，异体现象大大减少；文字的图画意味减弱，字呈长方形，奠定了汉字方块的基础。

程邈献字赎罪

程邈是秦朝的一个小官，曾当过县狱吏，负责文书一类的差事。他因性情耿直，得罪了秦始皇，被关进了云阳狱。他在狱中度日如年，心想，何不干出一番事业来，以求赦免罪过？

当时正值秦始皇推行“书同文”政策，以小篆为全国统一文字。其时政务多端，文书日繁，用小篆写公文固然比以前方便许多，但小篆不便于速写，费时费力，影响工作效率。曾经担任过狱吏的程邈，深知小篆难以适应公务，若能创造出一种容易辨认又书写快速的新书体，不是更好吗？于是他在监狱中一心钻研字体结构，做起文字学问来。

程邈把流传在民间的各种书体搜集在一起，潜心研究，一个一个加以改进，把大小篆的圆转改变为方折，同时删繁就简，去粗取精，经过加工整理，十年后，终于创造出书写便利又易于辨认的3000个隶字来。他把这一成果呈献给秦始皇。秦始皇看了程邈整理的文字，非常高兴，不仅免了程邈的罪，还将他提升为御史。由于程邈的官职很小，属于“隶”，所以人们就把他编纂整理的文字叫隶书。为了与汉代的隶书区别，又称为秦隶。

【知识链接】

隶书简易，优于篆书。它实现了汉字笔画化，即把小篆的圆转弧形的线条变成了平直方折的笔画；摆脱了汉字象形的特点，使汉字成为符号化的方块字。隶书的产生，使笔画进一步简化，使文字便于辨识和书写，结束了古文字阶段，是汉字发展史上的一次重大改革，具有划时代的意义。

汤水鸡买否

相传，有个姓杨名叫永鸣的人，想吃黄杏，曾在当地四处寻找，也没买到，于是写信给他的岳父，请求代买。

杨永鸣自认为能写一手草书，写起信来随意着笔，字迹潦草，岳父收到信后，只见上面写的是：请代买“否”和“汤水鸡”。

老汉到处打听，没找到卖“否”和“汤水鸡”的商贩，感到很失望。后来，他戴着老花眼镜仔细辨认，忽然想到，可能是让他买“杏”，“汤水鸡”只不过是女婿杨永鸣的姓名。于是老汉买了几斤黄杏，又复信一封，托人带走了。复信的内容是：

贤婿来信要买否，急得老汉满街走。

买了一筐小黄杏，不知是否不是否？

姓名变成汤水鸡，画虎不成反类狗。

【知识链接】

草书创自汉初，由隶书草化、简化、连笔快书而成，分为章草、今草和狂草三种。章草仍保留着隶书的波磔，笔画的界限比较清楚，布局也较匀称。今草是楷书的快写体，它一笔到底，字字相连。狂草兴于唐代，在今草的基础上任意增减笔画，恣意连写，没有规律。草书把方块字的结构和笔画高度简化，以达到快写的目的。草书的特点也正是它的弱点。由于草书难学难认，于是逐渐失去了其实用价值，仅仅作为汉字特有的一种书法艺术而存在。

王羲之换鹅

行书相传为东汉刘德升所创，流行于魏晋，是介于楷书和草书之间的一种字体。若说楷书是隶书的简化，那么行书便是楷书的简化写法。

行书到王羲之手中，将它的实用性和艺术性最完美地结合起来，其《兰亭序》被称为“天下第一行书”。

王羲之生性爱鹅。他在庐山养了不少的鹅，一则喜爱鹅的高洁，再则体察鹅的神态，以便练习运笔转腕，这可以说是一种习字的仿生学。

相传山阴地方有个道士，早就想请王羲之给他写一部《黄庭经》，但他知道王羲之绝不会轻易答应，为投其所好，他特地养了一批品种精良的鹅。一次，王羲之路过那道士的屋旁，只见河中有一群鹅正在悠闲地游来游去，实在让人喜爱。王羲之一见，简直入了迷，便求道士把这群鹅卖给他。道士微笑说："既然先生如此喜爱，我就把这群鹅送给您！不过，我有一个要求，就是请您替我写一卷经！"王羲之爽快地答应了道士的请求，将一卷抄好的经书送给道士后，便带着这群鹅欣然而去。

王羲之为道观书写的《黄庭经》，后人称之为《换鹅帖》，是王羲之仅次于《兰亭序》的杰作。

【知识链接】

行书近楷而不拘，近草而不放，虽有连笔，但各自独立；比楷书书写快，比草书易于辨认。正因为这样，一直沿用至今，久行不衰。历来行书名家不少，王羲之尤为书法家所称道！

画时圆，写时方

北宋时，王安石经常和他的朋友王吉甫一起谈诗论文，有时也巧对谜语。一天，王安石对王吉甫说："我昨夜睡不着，作了一条字谜：'画时圆，写时方，冬时短，夏时长。'你猜是什么字？"文学功底深厚的王吉甫，一听便知谜底是"日"字，可他也不直接回答，也写了一则关于"日"字的谜语去解王安石的谜底："东海有一鱼，无头又无尾，更除脊梁骨，便是这个谜。"王安石听了哈哈大笑说："你猜中了。"原来他们的谜底都是"日"。

"日"的甲骨文为象形字，像太阳之形。中间有一黑色，学者们认为这一点指太阳发光的黑子。从"日"字的构形，我们发现古人对太阳的观察十分细致，研究颇深。

【知识链接】

象形字为数不多，却是汉字造字的基础。鲁迅先生说，汉字的基础是象形。象形字就是画物像它的形状，以此形状表达它的含义。例如，"乌"与"鸟"字相比，正好切去鸟头上表示眼睛的一短横（按繁体字）。画乌不点睛，这是为什么？我们知道，古人在造字时，象形字需要抓住形象的特征。乌通体黑色（颈下有一些白羽毛的，古人称鸦），眼睛因和羽毛的颜色相同，看上去就不分明了。所以，“鸟”字点睛，“乌”则不见其睛。

院中的树该砍吗

从前，有一户人家，院子中央种了一棵桂花树，每当桂花盛开之时，香气四溢，沁人心脾。一天，儿子放学回家后，看到父亲正挥动斧头，准备将桂花树砍倒。儿子大惊，急忙上前制止，问父亲砍树的原因。

父亲放下手中的斧子，叹息道：“这院子四四方方的，中间长着这么一棵树，看上去好像一个‘困’字，我怕不吉利，所以准备将它砍掉。”

听了父亲的话，儿子笑道：“父亲，照您的说法，如果您将这棵桂花树砍掉，此院中就只有人了，那不又成了一个囚犯的‘囚’字，岂不是更不吉利吗？”

儿子的回答，化解了父亲心头的疑窦，父亲一边收斧子，一边对儿子说：“你讲得有道理，任何事都要靠人去做，与字有什么关系呢？”随后就高高兴兴地回到屋里去了。

【知识链接】

会意是指会合两个或两个以上的独体字以表示一种新的含义的造字方法。以上文为例，从“困”字可知，种植在庭院中的树木，由于受到空间和范围的限制，不能自由生长，因而会意为“围困”“受困”。“囚”字则是由人在围墙中引申而来。

老考童生

相传，在清朝晚期，有一个童生虽有才华，但因家境贫寒，没有钱打通关节，年近不惑，仍然没有考中，被人嘲笑。

这年，童生的准备尤为充分，又抱着侥幸心理去应试。主考大人见他仍不死心，于是出了个上联，加以奚落：

上钩为老，下钩为考，老考童生，童生考到老

童生觉得主考大人有失礼教，欺人太甚，当即属对，以抒怨愤：

二人成天，一人成大，天大人情，人情大如天

在古代，“老”字与“考”字是同一个字。上联中的考、老反复交替使用，论其字形和本义，互为转注。

【知识链接】

许慎在《说文解字·叙》中给转注下的定义是：“建类一首，同意相受，考、老是也。”“建类一首”是说，转注出来的字和本字属于同一个部首；“同意相受”是说，转注字和本字意义相同，又可互作解释；从“考、老”的举例可见，转注字和本字声音相近。形似、义同、音近，这就是转注的条件。

第二章　汉字的形体之美

王筠巧对顽童

清代文字学家王筠为了普及文字学，让小孩也能认识中国汉字的规律，特著有《文字蒙求》一书，流传于世。

一次，王筠到郊外散步，一伙顽童拦住他的去路。其中一个顽童提出条件："我问你几个字，猜得出便让你过去。"说罢，念道：

"一点一点分一点，一点一点合一点，
一点一点留一点，一点一点少一点。"

王筠不假思索地答道："这是'汾、洽、溜、沙'四个字，对吗？"顽童点头表示没错。

来而无往，非礼也。王筠笑着说："我也问你们一个字。"随即吟道：

"一横一横又一横，一竖一竖又一竖，
一撇一撇又一撇，一捺一捺又一捺。"

几个顽童抓耳挠腮，想了好一会儿，谁也答不出来。王筠便劝道："还是回学堂读书去吧，别在路上玩耍了！"

后来，顽童从塾师那里得知，王筠所吟是一个"森"字。

【趣味解读】

顽童所念四句，各为一字，是三点水与分、合、留、少等单字的组合。王筠所吟谜面不是一句一字，而是四句合为一字：一横、一竖、一撇、一捺，组成一个木字，三木再组合为森。谜面紧扣横、竖、撇、捺四种笔画，可谓巧妙。

菊妃杀女

从前，有个皇帝，视自己唯一的女儿为掌上明珠。一天，小公主突然失踪，朝廷内外一片震惊。

皇帝急令密查细访，但音信杳然。过了好几天，有个太监前来启奏：“公主的去向，奴才知晓，只是奴才不敢说。”

皇帝一再追问，太监便拿来纸、笔，写下了“菜、如、禾、七”四个字，接着说：“请皇上给每个字加上一笔，就会知道公主去向。”

皇帝横添竖加，写来写去，顿时开窍，不觉惊呼：“啊，竟是这样！”皇帝悲愤交集，急令查惩凶犯，厚葬公主。

【趣味解读】

太监所书“菜、如、禾、七”四字，在“菜”字草头下的一撇处加“𠃌”（横折钩）成为“菊”，在“如”的右下方加“乚”（竖弯钩）成为“妃”，（不过“妃”的右边是己不是已和巳，须注意），在“禾”的一撇上加“、”（长点）成为“杀”，在“七”的斜横下加一撇成为“女”，加上笔画的字变为“菊妃杀女”。故事自然是虚构的，毕竟古人写字与今天所用的简化字并不相同，但故事巧妙地利用汉字笔画的增添讲述“不能说的秘密”，确实体现了汉字的神奇之处。

“用”变“甩”，救一命

清朝时期，有个专帮人打官司的讼师叫李平，他正直机智，常能反败为胜，化险为夷。

当地有一富家浪荡子，横行乡里，百姓对他又怕又恨。一次，浪荡子路过一户人家，见男主人的妻子十分美貌，便百般调戏。男主人的上前阻止，被打得头破血流。他的妻子见状，气愤至极，于是抄起一把斧子向浪荡子砸去，不料正中头部，浪荡子一命呜呼。

浪荡子家人当即告到县衙，状词中有“恶妇行凶，用柴刀劈死”等语。县令不问青红皂白，很快就判了这位妻子死刑。

办案的法吏是李平的朋友，李平对他说：“这个妇人是为了自卫才动了斧子，按情理应该轻判，请老兄笔下留情！”

法吏说："已经记录在案，盖上了官印，不能再更改了！"

李平说："小弟倒有个办法，只需改动一笔，就可救她。"

李平笑了笑，挥笔在"用柴刀劈死"的"用"字上轻轻来了一笔，成为一个"甩"字。用刀劈死，是故意杀人，要偿命；甩刀只是甩得不巧，无意中失手劈死。这样就把故意杀人罪降为误伤致死的过失罪。

【趣味解读】

李平办案敏慧、机灵，他充分利用汉字的特点，以增笔手法化险为夷，替百姓说话。"用"变"甩"，救一命，足以显示出汉字之变化及功用！

添笔退侵兵

汉武帝时，北方边境的匈奴准备进攻中原，派人送来一份战书，上面写着四个大字"天心取米"，汉武帝不解此信何意，便召集文武百官研究，正当众臣全都束手无策之时，负责修撰史章典籍的宫中小吏何塘站了出来，何塘说："陛下，恕臣直言。天者，我国也；心者，中原也；米者，圣上也。天心取米，就是夺我江山、取圣上龙位的意思啊。"说罢，他提笔在信上略添几笔，便装入信封，退回匈奴。

匈奴首领原以为汉朝定然不敢应战，不料却收到了回信。拿出回信一看，顿时大惊失色，觉得汉朝人才济济，不容小觑，出兵攻打实在难以占上风，便作罢了。

原来何塘只是在"天心取米"四个字上添加了几笔，变成"未必敢来"，便吓退了匈奴。

【妙趣横生】

进士进土

从前，有个财主本无学识，却肯出钱，结果父子二人都买了进士功名，妻因夫贵，婆媳二人也加封为夫人。

除夕这天，为炫耀门庭，他家门上贴出一副对联：

父进士，子进士，父子同进士；

婆夫人，媳夫人，婆媳皆夫人。

路人看了不顺眼，暗中将此联添了几笔，第二天，财主出门一看，气得发昏，原来对联变成了：

父进土，子进土，父子同进土；

婆失夫，媳失夫，婆媳皆失夫。

一两笔之别，吉凶相反，改者奇想，令人叫绝！

神童戏宰相

唐朝有一个叫贾嘉隐的人，人称神童，在他还不满八岁时就颖悟异常。唐高宗听说后，把这看成是本朝荣耀和兴盛的象征，于是下诏，召他进宫。

贾嘉隐在皇宫庭院等候时，宫院还有两位位列三公的大臣各自靠着一棵槐树，也在等候皇上的召见，一个是太尉长孙无忌，一个是司空李勣。他们看到皇帝召见的神童，就想试一试他。于是二人把小嘉隐召唤过来，李勣问："娃娃，你看我靠的是一棵什么树？"

"松树。"小嘉隐不认识这种树，随口答道。李勣说："明明是一棵槐树，怎么说是松树呢？"小嘉隐从容地说："你位在三公，靠在这棵树上，正是以'公'配'木'，这不就是'松'吗？"

长孙无忌看这孩子辩得巧，颇不服气地问道："那你看我靠的是什么树？"

小嘉隐看他那副蔑视的神情，就愤愤地答道："槐树！"

长孙无忌以为小嘉隐怕了他，大笑道："看来在我面前，你不敢矫言巧辩了！"

小嘉隐不慌不忙地说："你靠在树上，那是以'鬼'配'木'，这还有什么好巧辩不巧辩的！"

【趣味解读】

在文中，贾嘉隐能巧妙地用偏旁和部首的关系解释人所靠的树和人之间的关系，从尊敬对方——“以公配木”，到反唇相讥——“以鬼配木”，如此说话的艺术，不仅摆脱了自己不知道树的名称的尴尬，而且展示了自己的机智。

讨吉利话的地主

有个为人奸诈的地主，新造了一座楼房，落成之期，贺客盈门。地主期望前来道喜者说些吉祥语，以讨个好彩头。

他问第一位客人，回答说姓赵。地主说：“莫非是吉星高照的照？”答道：“不是，乃走失拐带的走字旁，加上一个不肖子孙的肖字。”主人不悦。

又问一客，回答说姓常。主人说：“莫非是长命百岁的长？”答道：“不是，乃药名当归的当（繁体作“當”）字头，下面加上一个吊死鬼的吊字。”主人又不乐意。

再问第三位客人，回答说姓屈。主人说：“娶妻生子好。”答道：“不是，乃尸字头，下加出殡的出字。”主人更不高兴。

待问第四位客人，回答说姓姜。主人说：“可是万寿无疆的疆？”答道：“不是，乃王八羔子的羔砍去四蹄，接上一个男盗女娼的女字。”听到这里，主人已气昏了头。

【妙趣横生】

纪晓岚妙对得还乡

清朝乾隆年间的侍读学士纪晓岚，整天陪着乾隆皇帝读书，天长日久，就觉得这种生活单调无聊，十分想家。他的心事被乾隆皇帝看了出来。

一天，乾隆皇帝半开玩笑地对他说：“依朕看，你是——口十心思，思妻、思子、思父母。”

聪颖的纪晓岚认真揣摩皇帝的话，这分明是一副析字联的上联，如果自己对得好，合悦龙心，说不定会准许自己回家探亲。他立即虔诚地说道：“如蒙陛下恩赐，回乡省亲，臣是——言身寸谢，谢天、谢地、谢君王。”

乾隆皇帝听罢，龙颜大悦，当场恩准纪晓岚回家探亲。

四人同渡

有四人同船渡江，一位是官员，一位是船夫，一位是卖花女，还有一位是拣粪老农。官员自恃才华横溢，对众人说：“同舟共济，我们相逢难得，不妨各作一首诗，解解闷倦。诗的要求是：七言四句，其中有三字同头，三字同旁，首尾连贯通顺，且要符合各自的身份。谁吟咏不当，谁支付渡钱；若都能对上，本人除支付渡钱外，还备办酒席一桌，与诸位共饮。”

官员首先洋洋自得地开腔：

三字同头官宦家，三字同旁绫绸纱。

若非当朝官宦家，岂可穿上绫绸纱？

船夫双手摇橹，一俯一仰，悠然吟道：

三字同头大丈夫，三字同旁江海湖。

若非当今大丈夫，何以能识江海湖？

官员一听，不禁赞叹：“妙哉！”

卖花女从容不迫地说：

三字同头芙蓉花，三字同旁姑娘娃。

若非妙龄姑娘娃，谁人敢戴芙蓉花？

官员听后，脱口称颂：“善哉！”

最后轮到拣粪老农，他看了看官员，又瞧了瞧自己的粪桶，泰然自若地吟起来：

三字同头屎尿屁，三字同旁谋诡计。

若非当船屎尿屁，谁人愿意谋诡计？

官员明知被嘲讽，也只能脸红地付了船钱，又办了一桌酒席。

【知识链接】

最早的一副对联

后蜀广政二十七年（964）春节前夕，后蜀后主孟昶突然下旨，要求群臣在“桃符板”上题写对句，以试才华。当群臣把对句呈上时，孟昶看后，却不满意。于是，他提笔在“桃符板”上写了：

新年纳余庆，佳节号长春。

这就是我国文字记载的第一副对联。

少妇巧对诗

从前，清和河上有一座桥，叫“清和桥”。有年春天，一位头戴芙蓉花的少妇正在河边洗衣裳。一个和尚和一个秀才到清和桥上来游玩。

二人在桥上走着，见桥下洗衣的少妇长得漂亮，便心生歹意，站在桥上对起诗来。和尚先念道：

有水也念清，无水也念青。
去了清边水，添争变成静。
静养性，僧人爱，
满腹经文随身带。
有朝一日芙蓉花儿开，
给我和尚端上来。

和尚念罢，秀才接着吟道：

有口也念和，无口也念禾。
去了和边口，添斗变成科。
科为贵，秀才爱，
满腹诗文随身带。
有朝一日芙蓉花儿开，
给我秀才端上来。

他们二人的对诗，桥下的少妇听得真真切切，立即甩甩手上的水说：“这桥叫清和桥，你们只说了‘清和’二字，听我以‘桥’字作诗一首。”少妇于是怒声念道：

有木也念桥，无木也念乔。
去了桥边木，添女变成娇。
娇娘美，人人爱，
生儿育女随身带。

有朝一日生对双胞胎，
一个当和尚，
一个当秀才！

和尚、秀才挨了少妇的一顿骂，灰溜溜地跑了。

【妙趣横生】

佛印妙对苏小妹

传说，宋朝时，苏小妹与佛印和尚（其长兄苏东坡的好友），以对联形式开了个玩笑。苏小妹写的上联是：人曾是僧，人弗能成佛。

佛印和尚看后，知道这是苏小妹有意取笑于他，于是，提笔对一下联，反戈一击。联曰：女卑为婢，女又可称奴。

苏东坡在一旁看了，连声称妙！

吴承恩题联讽粮商

明朝时，有一次，吴承恩到淮安城闲游，忽被一个胖子拦住，殷勤地请他到家中做客。吴承恩认出此人是楚州河下镇的一霸——粮行老板张皇兴。张皇兴为了给自己的粮行装点门面，便巴结道："张某能见到您，实乃三生有幸，恳祈给敝店写一副对联，请先生赏脸！"张皇兴死缠硬磨，吴承恩难以脱身，突然他灵光一闪，提笔一挥而成：

皇兴大粮行，
慈夙楚城扬。

横批为：四字去首。

张皇兴得到这副对联，如获至宝，赶忙请能工巧匠刻制，悬于粮行大门之上。谁知此联一挂，本望生意兴隆，如今反而门前冷落了，张皇兴觉得蹊跷，但又不明原因。一天，一位秀才路过粮行，看到这副对联，不禁掩口而笑，张皇兴实在憋不住了，便上前去询问原因。秀才告诉他：横批"四字去首"，就是去掉上下联开头两字的上半部分，成为：

王八大粮行，
心歹楚城扬。

张皇兴气急败坏，要去找吴承恩算账，可是吴承恩早已远走他方。

【妙趣横生】

巴县走狗

相传，四川巴县有个衙吏，敲诈勒索，搜刮民财，盖了一所豪华的府邸。府邸落成之日，鞭炮齐鸣，远近乡绅、名流前来庆贺恭维。有个秀才，写了一副对联送上，联曰：

邑悬起敬，

口心己文。

送上对联后，秀才立刻就走了。客人们对这副对联赞赏不已，都说是县民对衙吏肃然起敬的意思。

有个老儒生揣摩半天，认为上联“邑悬起敬”四字倒没问题，但联系下联，如果把上联各字的偏旁或部首“口心己文”去掉，岂不成了“巴县走苟（狗）”！众宾暗笑。

倪家少女妙联择夫

从前，有一位姓倪的姑娘，才貌出众，向她求婚的人络绎不绝。姑娘是个有主见的女子，为了招位佳婿，就在自家门外写了一副上联，对上者方可与姑娘谈论婚嫁之事。上联是：

妙人兒，倪家少女。

联内文字拆并得十分巧妙：“妙”是“少女”之合，“人兒”又是“倪”字之分。

当时，有个姓李的书生前来求婚，面对姑娘出的上联，提笔对出下联：

鐘山寺，峙立金童。

姑娘看了书生的下联之后，约见书生，二人一见钟情，遂成婚配。

【妙趣横生】

半副对联

历史上流传着这样半副对联：古文故人做。

此为半副构思奇特的合字联。它先有“古文”合成“故”，再有“故人”合成“做”。全句文意通顺，意思为：历时久远的文章是已故的人写的。由于对句难度大，至今还没有理想之对句，偶尔只见工整之作，如：

出句：古文故人做。

对句：八刀分米粉。

大家可以想一想，有没有其他更好的对句。

不识“川”字真面目

欧阳修《归田录》中记载了关于“川”字的两则小故事。唐代将领高骈镇守成都时，与他的酒佐薛某创制一新酒令，要求先说一字，再说一句话描述这一字形，还须合辙押韵。

高骈先开口：“口，有似无梁斗。”

薛某接着说：“川，有似三条椽。”

高将军打趣道：“你这三条椽怎么有一条弯的？”

薛某诙谐地说：“将军是四川节度使，这样富贵还使用一个没梁的斗，我一个穷酒佐，三条椽子中有一条弯一点的，有什么奇怪呢？”

另一则故事是：有个才疏学浅的教书先生只认识一个“川”字，上课的时候，只能拿一个“川”字应付。有一次，先生连续翻了许多页，都未寻见，急得满头大汗。忙乱之中，忽然见到一个“三”字，便指着“三”字大声骂道：“我到处寻你寻不见，原来你躺在这里睡大觉！”

【趣味解读】

“川”由撇、竖笔画组合而成，“三”全由横构成，教书先生横竖不辨，指鹿为马，令人捧腹。“川”字为象形字，像众水并流之形。河水的水面一般低于河岸，河流水面是平坦的，山间或高原上低而平坦的地带像河川，因此“川”又可引申为山间或高原上平坦的地带，例如“一马平川”一词。

山石岩下古木枯

相传，一次乾隆皇帝和纪晓岚在宫中下棋，乾隆连弈三盘皆告负。乾隆对纪晓岚说："朕欲赐爱卿御宴，只是时光尚早，不如拈联答对。"

纪晓岚起身叩谢道："谢圣上隆恩。卑臣斗胆，请赐上联。"乾隆出联道：

山石岩下古木枯，此木是柴。

乾隆心想：我这联拆了"岩""枯""柴"三字而且文气连贯，下联要对得好，谈何容易。

不料，纪晓岚略一思索，即对道：

白水泉边女子好，少女真妙。

乾隆一听，这下联对得无懈可击，实在是妙极，顿时龙颜大悦。

【妙趣横生】

杨溥巧对免父役

明朝时期，湖广石首有个教书先生，叫杨溥。有一次，地方官要其服役，杨溥因体弱家贫，苦苦哀求地方官免除服役。

地方官要杨溥当面对对子，对出下联方可免除服役。地方官出对曰：

四口同圆（圓），内口皆归外口管；

杨溥对道：

五人共伞（傘），小人全仗大人遮。

地方官耳闻下联，这分明是在夸赞自己，暗自高兴，又见杨溥确实难以服役，便顺水推舟，就此罢了。

拆字酒令

从前，有五个人，志同道合，经常在一起饮宴，饮酒时喜欢以拆字与行吟酒令取乐。一次，酒至数巡，有一人个以拆字为令说：

田字不透风，十字在当中；

十字推上去，古字赢一盅。

一个接着说：

回字不透风，口字在当中；

口字推上去，吕字赢一盅。

又一个接着说：

図字不透风，令字在当中；

令字推上去，含字赢一盅。

另一个相继说：

困字不透风，木字在当中；

木字推上去，杏字赢一盅。

最后一个，凝思良久，方说：

曰字不透风，一字在当中；

众人笑着问："推作何字？"

此人将酒饮尽以后说：

一字推上去，一口一大盅。

【趣味解读】

以上酒令，都表现出字形的变换，"田"中的十字推上去则成古字，"回"字中间的小口推上去则成吕字……字的笔画多少不变，位置的交换便引起意义的变化，由此可见汉字的神奇。

王十朋赶考

王十朋是南宋著名的政治家、诗人，一代名臣。相传，他少年贫穷，一次到京都临安赶考，路过永嘉府时，因住不起客栈，又想得个安静之处读书，便渡过瓯江，在江心屿一个寺庙中投宿。

寺庙方丈是个势利眼，他见王十朋浑身上下透着一股穷酸气，于是漫不经心道："来者何求？"王十朋连忙施礼说："晚生乐清举子王十朋，赴京赶考，乞求借宿，请长老行个方便。"

方丈有奚落之意，无援助之心，便说："平素也有些凡夫俗子，枉称举子，叨扰佛门。施主既是举子，能吟诗否？”

王十朋说：“尚可。”

方丈笑说：“那么便以客官远来投宿为题，每句要同一偏旁，做出一首诗来，便可借宿。”

王十朋当下写道：

浙海江深波浪流，慇懃思想怨悲愁。

客官宵定寒窗宿，达道逍遥远近遊。

方丈一看，已然十分佩服，可又想再刁难他一下，就说：“施主如能再一笔写出两个字，我便答应让你寄宿。”

王十朋想，这是个势利的老和尚，应该教训教训他。他抬头见庙堂之上，竖写着“天心”二字，这本是方丈的自我吹嘘，说他替天行慈悲之意，王十朋就对准“天心”二字，提笔一挥，一笔把“天心”二字串在一起，成了“未必”。方丈见了，目瞪口呆，连忙恭请王十朋住下来。

后来，王十朋果然中了状元，官至龙图阁学士。

【妙趣横生】

拾得一横

民国时期，有一位官员登台演说，将“茶毒生灵”读成了“茶毒生灵”。另有一人接着登台演讲，将“洒扫应对”念成“酒扫应对”。听众一阵哄堂大笑，会场顿时乱成一片。这人抬手示意大家安静，继续说道：“你们发笑，该不是认为我读了别字吧，其实不是这样，只是我刚才听演讲时，拾得一横，无地安放。我说‘酒扫应对’，就是把拾得的一横放至洒字中，变成了酒字，这有什么奇怪呢？”

休管他人瓦上霜

一个老财主，有两个女婿，平日里，两个女婿之间总是明争暗斗，冷嘲热讽。这年正月他俩都去给丈人拜年。二姑爷年前因违纪被革去功名，大姑爷想讽刺讽刺二姑爷，在席上他说要行酒令。老丈人说：“喝哑巴酒没意思，行酒令好。我出题，要举出一个字，这个字去掉一半，还念一个字，和前字同音，再加上一个字，就合成另一个字，组成一副对联，尾字要落在合成的字上。共用四句一联说完，要合辙押韵。”

大姑爷说：“我举‘溪’字，有水也念溪，无水也念奚，去了溪边水，添鸟便念鸡（鷄）。得势狸猫欢如虎，脱毛凤凰不如鸡。”

二姑爷一听是在讽刺他，也就接声道：“我举‘棋’字。有木也念棋，无木也念其，去了棋边木，添欠便念欺。龙困浅水遭虾戏，虎落平阳被犬欺。”

老丈人一听不好，唯恐酒桌上起了争执，就说：“我举‘湘’字。有水也念湘，无水也念相，去了湘边水，添雨便念霜。各人自扫门前雪，休管他人瓦上霜。我看咱们还是喝酒吧。”

【妙趣横生】

同一个“因”字

清乾隆年间，孟某于科考出榜之前请一测字先生测字。测字先生请字，孟手蘸余茶在桌上随便写了一个“因”字。测字先生一看，说：“此为‘国中一人’之象，此科必中榜首。”孟某的一个朋友急切上前说：“我也测此‘因’字。”测字先生说：“君此科当无份，因为他（指孟）测‘因’是无心，你测‘因’是有心，‘因’加‘心’是‘恩’，或者以后有恩科必中。”孟又一友拿着一把折扇拍桌说：“我也测此‘因’字！”测字先生皱眉，稍作迟疑，说：“刚才君的扇子不巧正加在‘因’字正中，是为‘困’字，君莫非将困顿一生？”后来，三人命运果然正如所说。

心田不正

从前，有一个大财主，叫胡心田。这胡心田刻薄穷苦人，心肠很坏。

一天，一家办丧事，四方亲戚朋友都上门吊唁，胡心田也来赴丧。进门，他看到文三在里外张罗，想拿他开开心，就大模大样地说：“文三，都说你会讲笑话，今天讲个听听。”

文三看了财主一眼，说：“好，那我就讲一个给你听：有一天，一个姓十的和姓喻的结亲家。姓十的嫌自己的笔画太少，再说《百家姓》上又没有姓十的。于是，对姓喻的说：‘你的嘴巴在旁边是多余的，把那个口字让给我姓古，在《百家姓》上也可归宗。’姓喻的想，把我旁边的口字送给他，我还是姓俞。于是，答应了姓十的要求。可是，这人还不知足，又对姓‘俞’的说：‘亲家，我这古字笔画还是太少，你何不把那个月字也给我，让我姓胡吧！’姓俞的一听，火了，说：‘你这个人太缺德了，把我的下面都抠空了，凑你一嘴胡子，真是心田不正。’”

文三讲到这里，人们哈哈大笑。胡心田自讨没趣，只好灰溜溜地走了。

【妙趣横生】

宋高宗测字

南宋年间，一日，宋高宗赵构游西湖，见一测字先生，高宗甚是好奇，于是写了一个“春”字，问曰：“请看一看国家大事如何？”测字先生端详了这个字，上面的“𡗗”写得很大，而下半部的“日”字写得很小，摇一摇头，说：“秦头太重，压日无光。”当时正是奸相秦桧专权，横霸朝野之时。高宗心领神会，却又不便声张，于是给了很多赏钱，便默默走开了。

测字戏纨绔

明朝末年，松江府才子郭又松目睹朝廷腐败，无意功名，靠作文卖画聊以度日，名气很大。

一天，郭又松在酒店喝酒。吃喝完了，他像往日一样对店小二说了声：“记上账。”刚起身要走，店小二连忙说道：“郭相公，本店利小本轻，赊欠不起，相公忘带现钱，小人陪您到府上去取。”郭又松无奈，问共欠多少。小二道：“今天酒菜149个铜钱，加账上共717钱。”郭又松看看店小二可怜的样子，低头一想，有了！叫店小二取笔墨纸砚，大笔一挥，写了“郭又松测字”五个大字，贴在了酒楼门口。

这时，有个书生打扮的纨绔子弟前来测字，问道："不知卜金多少？""我测字，要依字论价的。"郭又松回答道。那人暗想：郭又松名气很大，今天我倒要难他一难，用一个拆不开的字让他出丑。便说："请测一'也'字。"郭又松知他刁难，但仍若无其事地说："不知要问何事？"只见那人得意扬扬地说："我这次参加科举考试，自觉顺当，能否考中？"郭又松想了想，突然拍案叫道："哎呀，照字看来，这次世兄无缘了，还是请早日回府，闭门苦读，下场再试吧。""此话从何说起？"那人想，你郭又松明明拆不开我的字，想借此搪塞，刚要发作，只听郭又松道："世兄不是问功名吗？你看，这'也'字旁加一个'水'不是成为'池'字吗？现在，'池无水，蛟龙不出'。世兄再看，'也'字旁加一个'土'不是成了一个'地'吗？现在，'地无土，草木不生'。世兄请再看仔细，'也'字旁加一个'人'，不是成了一个'他'字吗？'若问功名，付于他人矣'。"众人听后哈哈大笑。郭又松接着说："至于卜金，把'也'字拆开，不是成了'七、十、七'三个字吗？那就请付717钱吧。"两旁围观的人赞声四起，从此郭又松名气更大了。

【妙趣横生】

新富豪宅的匾额

从前，城东门有一个名叫王皮的生意人，因卖草发了财，但他为人悭吝，人们都看不起他，叫他"扛草王皮"。他建了一处豪宅，请了本地最有名的书法家，给他题写匾额，想一改门风。这位书法家看了一下王皮，就题写了"蘭玻"二字，意雅字好，王皮很得意。（蘭，兰的繁体字）

有一次，有个书生路过，一看匾额上那两个字，冲口而出："这不是东门扛草王皮吗？"

第三章　汉字的音韵之美

戏说“临财毋苟得”

很久以前，一次科举考试的题目是：“临财毋苟得，临难毋苟免”。有一学子醉意朦胧，戏将题内的“苟”写成“狗”。监考的考官看到后大发雷霆，欲驱他出场，责道：“若能属对，姑且免除！”于是在考生桌上大书：

《曲礼》一篇无母狗。

学子随口应对道：

《春秋》三传有公羊。

此对一出，考官大力赞赏。后来，这位学子名列第一。

一个塾师死后，见到了阎王，经考查，这个塾师爱读别字，不久，予以发落，罚为狗。塾师要求道：“请为母狗。”阎王诧异地问：“为什么？”塾师解释说：“《礼记》上说过‘临财母狗（毋苟）得，临难母狗（毋苟）免’，所以愿为母狗。”阎王听后哭笑不得。

【知识链接】

“临财毋苟得，临难毋苟免”出自《礼记·曲礼上》，意思是：遇到钱财，不要唯利是图；遇到患难，不要贪生怕死地避开。《礼记》是我国儒家文化的经典之一，内容博大精深。该书详尽地考证和记载了中国古代的各种礼节、礼仪制度，指引人们加强自身道德修养。

不知“修”

北宋的欧阳修是江西吉安人，二十四岁中进士，擅长诗词、文章，是当时著名的文坛领袖。有个附庸风雅的秀才，听说大学问家欧阳修很有才气，心里很不服气，口出狂言，要与欧阳修比个高下。

一天，秀才大模大样地要去找欧阳修比比学问。在路上，他看到一个举止儒雅的老者，料想是读书之人，于是拉着老者，指着路旁一棵枝枯叶败的小树，要与老者对诗。老者再三推辞，秀才却以为是他心怯，更逼得紧了，不等老者说话，就念道：

路边一枯树，树上两个杈。

老者一听连连摇头。秀才却强拉硬拽，非要老者吟上两句凑趣。无奈，老者只好又续上两句：

路边一枯树，树上两个杈。

春来苔为叶，冬至雪当花。

秀才见这老者出口不凡，吃了一惊。但他不肯服输，说道："此诗勉强，我们不妨再选一题，也好见出真才情。"

向前行，他们又看到一对白鹅扑棱着翅膀跳进路边的池塘里，秀才又说出两句：

前面两只鹅，扑通跳下河。

不知深浅的秀才以为这下难住了老者，苦苦纠缠。无奈之下，老者随口念道：

前面两只鹅，扑通跳下河。

白毛映绿水，红掌击清波。

老者出语不凡，但秀才仍不服气，还想找机会挽回面子。

两人一同来到一处渡口，等候摆渡的人聚集了不少。秀才还想显示自己，在大庭广众下给老者难堪，就有意高声说道："你我同乘舟，去访欧阳修。"这次老者再也忍不住了，冲着秀才大声道："修已知道你，你还不知修（羞）！"秀才这才知道眼前这位老者就是欧阳修，羞得无地自容，偷偷溜走了。

【妙趣横生】

王羲之智断敲诈案

王羲之任职地方官时收到一村民状书，说某乡绅用一小块荒地让他葬父，言明只要一"壶"酒，事后却硬要他一"湖"酒。王羲之便到乡绅家探访，乡绅久仰其名，欲求墨宝，于是盛情款待。王羲之书写了一幅字给他，乡绅喜出望外，问送何礼答谢，王羲之顺口说：“只要一活鹅。”乡绅立即提一活鹅送至府衙，王羲之却把脸一沉说：“当时说好是一河鹅，怎么只送来一只？”原来当地话“活”“河”同音。乡绅急忙辩解道：“大人，鹅是以只计数，从不以河计数啊！”王羲之冷笑一声，拿出村民状子说：“既然鹅以只计数，难道酒有用湖计数的吗？”乡绅自知理亏，只得认错。

施氏食十狮

著名语言学家赵元任曾写过一篇《施氏食狮史》：

石室诗士施氏，嗜狮，誓食十狮。施氏时时适市视狮。十时，适十狮适市；是时，适施氏适市。氏视十狮，恃矢势，使是十狮逝世。氏拾是十狮尸，适石室。石室湿，氏使侍拭石室。石室拭，氏始试食十狮尸。食时，始识是十狮尸，实十石狮尸。试释是事。

可以翻译为：

从前，有个姓施的文人喜爱作诗，住在石头造成的屋子里面。他喜欢吃狮子肉，发誓要吃十头狮子，所以经常去市场上找狮子。一天上午十点，刚好有十头狮子上市，这时，恰好姓施的也来到市场。他一见这十头狮子，于是拉弓搭箭把十头狮子全射死，然后拖着这些狮子回到石屋。石屋很潮湿，于是令仆人把石屋揩干，然后再饱尝十头狮子的肉。吃时，才发现这十头狮子实际是石头的。请尝试解释这件事情。

【趣味解读】

这个故事虽属文字游戏，但表现出作者驾驭汉字的能力，以及汉字视听分离的特色。阅读此文，稍具文言知识的人都可以通晓无误，如果旁人诵读，听的人都如坠雾中，不知所云。

巧画家书报平安

古时候，有一个农民遇上了朝廷的军队抓壮丁，被抓到很远的边疆去打仗。好多年过去了，他天天想念家里的妻子，他的妻子也在等着他回来，等得头发都白了。

有一年快过年了，妻子又思念起丈夫，忍不住痛哭起来。忽然来了一个陌生人，他交给妻子一封信，说："我在很远的边塞做生意，碰到了你的丈夫，他让我捎信给你。"妻子不识字，但还是打开信看了，上面有四幅图画：第一幅是七只鸭子，第二幅是空酒瓶，第三幅是一头死去的象，第四幅是一个人骑着马，正往一间房子飞奔。看完信，妻子马上擦去眼泪，开心地笑了。

这四幅画意思是说：妻（七）呀（鸭），好久（酒）不见了，想（象）死了，马上回家。

【妙趣横生】

富豪买车

有一天，一个富豪要买车，却在为车行没有吉利的车牌号犹豫不决。车行老板走过来笑着说："这个车牌不错，00544（动动我试试），保证没人敢惹，不错吧！"

富豪心动了，立即购买此车，可是第二天就出了车祸。富豪生气地走下车，心想这车你也敢撞，可是下车一看，立即灰溜溜地走了，原来这部车的车牌是44944（试试就试试）。

用"狗"巧对

宋代的枢密副使高若诺，有一天请诗人姚崇嗣吃早饭。两人刚要动筷子，一位客人突然而至，他们只好放下筷子，陪着说话。

来的客人说是新写了一些诗，要给高若诺念念，直到高姚二人都饥肠辘辘还喋喋不休。姚崇嗣对这位不知趣的客人十分反感，忽然他有了主意，故意跟客人写的诗胡对一气。

客人说："我写了《甘露寺诗》，头一句是'下观扬子小'（往下看长江都变小了）。"

姚崇嗣接上说："你那里是羊子（扬子），可以对狗儿，这句诗可以接‘卑未狗儿肥’。”

客人心想：什么人，在这里瞎搅和？又接着说：“我还写了《峡中感怀》，有一句‘猿啼旅思凄’（听山上猿声哀鸣，旅人思绪更加凄凉）……”

姚崇嗣又故伎重演，接上说：“是‘吕四妻（旅思凄）’吗？可以对‘犬吠王三嫂’。”

客人气得站起来一甩袖子走了，边走边说：“根本不懂诗。无知之徒，气死人了！”

高若诺很高兴，对姚崇嗣说：“多亏你‘不懂诗’，否则咱们就饿坏了！快吃早饭吧！”

【妙趣横生】

“头鸣不是此头名”

清代乾隆末年，某县秀才考试，寂静的考场突然一阵蝉鸣，监考官查明蝉声发自考生张某帽中，于是揭开他的帽子，看到几只蝉儿尚在吟唱。张生交代，今晨离家时，其父将蝉放进他帽中，说是蝉在头鸣预兆可中头名，刚才蝉爬动使他头痒难忍便挠了几下，蝉就叫开了。监考官听了又好笑又好气，就以违纪取消了张的考试资格，并挥笔写下一首诗：“头鸣不是此头名，皆因老父好功名。秋蝉识鸣不识名，迷信兆头失功名。”

农家小事有奇联

相传，唐伯虎同友人外出游玩，看见一个村妇一面打扫乱柴，一面叫小叔子捆柴。他触景生得灵感，得一上联：

嫂扫乱柴呼叔束。

句中有两处运用了谐音手法。“嫂扫”两字谐音，“叔束”两字也谐音。因此，要对好有一定难度。友人正在低头沉思之时，又看见一个少妇挑一担水走来，不料这桶突然裂开，水流一地。少妇便忙唤小姑子来把破桶箍紧。

这个司空见惯的场景一映入眼帘，唐伯虎友人便大喊“有了”，对出下联：

姨移破桶令姑箍。

下联也是两处谐音：“姨”与“移”，“姑”与“箍”，与上联绝配。上下联写的都是最寻常不过的农家小事，但一经高手锤炼，便成佳对。

【妙趣横生】

陈洽父子谐音对

陈洽，明朝江苏武进县人，字叔远，通经史。据说他八岁时，只见江上两只船同时开发，一只摇橹，一只扬帆，扬帆的船很快驶到摇橹的前面。陈洽的父亲见状，灵感顿生，遂出一联：

两船并行，橹速（鲁肃）不如帆快（樊哙）。

仓促间，陈洽难以为对，这时，恰好远处有一个牧童在弄笛，声音悠扬，动人心弦。陈洽智窍大开，对出下联：

八音齐奏，笛清（狄青）难比箫和（萧何）。

陈洽的父亲满意地夸奖儿子：“这小子还真行。”

陈洽也跟父亲开了个玩笑道：“我老子也不错。”说罢，两人相视而笑。

谐音巧破案

相传，有个客商住进一家客店，将随身携带的五十两银子放在衣物中，一齐交给店主代为保管。次日取回包裹一看，衣物还在，可是银子已经没有了。客商找店主索要银子，店主不承认。客商无奈，只好向县衙告发。知县看罢诉状，便吩咐差役传来店主对质。店主百般开脱，还一口咬定是客商讹诈。

知县一面倾听双方的申辩，一面细察两人的神色。原告神态自若，被告看似心中有鬼，如何断案？知县苦思良久，终于计上心来。

知县提起毛笔在店主手中写了一个“银”字，然后叫他站在房子中间，并严厉嘱咐道：“注意看好，要是手上这个‘银’字没有了，就罚你还他银两！”

店主莫名其妙，但又不敢违抗，只好聚精会神地注视着手上的“银”字，唯恐它消失。知县密差衙役将店主之妻传呼到堂，直截了当地问道：“昨日你们收下的客商的银子，放在什么地方了？快交出来！”店主的妻子顶撞说：“什么银子，我不知道。”

知县怒了：“不要狡辩，你丈夫都招认了，快说出实情！”

店主之妻冷笑一声，不为所动！知县便要她与丈夫对质。她半信半疑地跟随知县来到窗口。知县隔着窗户面向店主大声问道：“店主，你收（手）上的银子（字）还在不在？”老板赶紧看着手心的“银”字大声答道：“我手上的‘银’字还在啊，谁说不在？”

店主妻子以为她丈夫真的招认了，只好将银子乖乖地如数交出。

【妙趣横生】

大学士招婿

明代文学家程敏政学问渊博，为一时之冠，官至礼部右侍郎。他在十岁时，即以神童被推荐到京城，朝野上下，以为异事。大学士李贤打算招他为婿，设宴款待他，指着桌上的果品，出对道：

因荷（何）而得藕（偶）。

程敏政听了这谐音联马上猜到了李贤的用意，随口对道：

有杏（幸）不须梅（媒）。

李贤见他果然才思敏捷，遂将女儿许配给他。

天下太贫

民国初年，进步文人刘师亮与写《厚黑学》的李宗吾，算是“四川双杰”。刘师亮当过塾师、讼师，经过商，是一个怀才不遇又疾恶如仇的怪才。

民国时期，苛捐杂税多如牛毛，老百姓生活一贫如洗，官方却常喊“民国万岁”，宣言“天下太平”。

刘师亮一副四字短联，堪称千古绝对：

民国万税。

天下太贫。

刘师亮这副对联，就地取材于两句官方口号，运用谐音手法，将“岁”字改成“税”，将“平”字改成“贫”，顿时化褒为贬，一语道破了“民国万岁”背后的实质，撕破了“天下太平”的画皮。

【妙趣横生】

穷人的妙计

很久以前，有个姓吴的穷人在荒山上栽了一片果树。没几年，树木茂盛，果实满枝。一个财主看中了这片果林，便想把它夺过来。这个财主跑到县衙告了姓吴的穷人一状，并用银子去贿赂县令。

于是，县令派人传讯吴某，这人觉得自己肯定要吃亏，心里很着急。当他走到县衙门口，官差盘问他姓名时，他忽然心生一计……

官差通报后，开始审案。县令喊了财主的姓名之后，紧接着又喊：“传吴旧上堂！”县令一喊，财主竟吓得偷偷地溜走了。

吴自称“吴旧”，县官喊“吴旧”，财主听了却是“吾舅”，以为他们是亲戚，所以吓跑了。

一字用巧，商机无限

前几年，中国名茶茉莉花茶远销欧美，却在东南亚的海外华人圈遭到冷遇。这是怎么一回事呢？一位年轻人经过调查，得知原因在于“茉莉”与“没利”音同形异，当地人很忌讳。那个年轻人建议，最后给“茉”字加上两点，改成“莱”字，与“来利”谐音，于是销路立即大畅，获利丰厚。

曾经有个叫“庄墓”的地方，在各大报刊上登出了大篇招商引资的广告，但长时间几乎无人问津。后来，该地一位有心人将“庄墓”改为“庄慕”，重新刊登广告，这一改收到了意外的效果，货主纷纷上门，很快就做成了几宗大买卖，赢得了巨额利润。究其原因，就在于“墓”字有点晦气，谁肯光顾呢？改为“慕”字，不仅没有了晦气，而且还非常有意境，连庄子都追慕的地方，自然就引人慕名而来了。

【妙趣横生】

“我的也是小叫车”

一个官员坐着小轿车下乡，在乡间窄道上与一位推独轮车的老人相遇。老人推得满头大汗，小轿车的司机要求老人让道，老人说：“为什么要我让道？”司机说：“我开的是小车。”老人说：“我的也是小车。”司机说：“知道吗，小车是首长车。”老人说：“你看，我的也是手掌车。”司机说：“首长车是小轿车！”老人笑了起来，说：“我的也是小叫车，不信你听听。”说完，老人推起车就走，果然吱吱作响……

落地与及地

以前，有个书生带着仆人进京赶考。

行路途中，书生的帽子一下子被风吹落在地。他知道仆人走在后面，定会拾起，便没有去理会，照样向前赶路。哪知，仆人看到后，以为主人不知，就挑着行李快步赶上，气喘吁吁地说：“相公，你的帽子……落地了。”话说着，一不小心，脚下一滑，把挑的行李也摔在了地上。仆人傻笑一下，对书生说：“您看，不小心都落地了。”

说者无意，听者有心，书生听后，大为不快，因为“落地”谐音“落弟”，赶考落第即名落孙山。于是，他一再叮嘱仆人：“从此以后，凡有东西掉在地上，不许你再说‘落地’，要说‘及地’！”“及地”谐音“及第”，即高中进士之意。

仆人听了书生的叮嘱，连连应道：“记住了，记住了。”

两人继续前行，走到一段崎岖不平的山路。书生很不放心，唯恐东西掉落，仆人再说出不吉之言，便不时回头提醒。仆人拍着胸脯保证说：“相公请放心，这次是无论如何也不会及地的！”

一句话将书生气个半死。

【妙趣横生】

“我不敢娶”

相传清末大臣李鸿章有个远房亲戚，胸无点墨，不学无术，可是他想通过科举，直上青云。这年正好是大考之年，他就去参加乡试。试卷拿到手，他写了半天，结果连他自己都不知写了些什么。交稿时间到了，他心想：我是中堂大人的亲戚，把这个关系写在考卷上，考官看了，怎敢不录取？于是，他得意扬扬地提起笔来，在考卷末尾写下一行歪歪斜斜的字：“我是李鸿章中堂大人的亲妻。”可笑他“戚”字不会写，竟写成了“妻”字。主考官为人正直，提起朱笔在旁边批了一句：“所以，我不敢娶（取）！”

郑板桥题匾

清乾隆年间，有个充当衙门走狗的土财主，他胸无点墨却附庸风雅。他想，郑板桥是当今大书法家，为何不重金聘他为自家写一块匾呢？依郑板桥的脾气，即使财主拿出万贯家产，他也不会为财主写一字，这一次他却慨然应允，提笔写了“雅闻起敬”四个大字。但他有言在先，那就是制匾时，其中的第一、三、四个字油漆左边，第二个字“闻”油漆“门”字。土财主只要郑板桥肯题匾，想也不想便答应了。

“雅闻起敬”的门匾挂上了，但没过多久，财主就把它摘了下来。原来，“雅闻起敬”漆完成了“牙门走苟”，就是“衙门走狗”的谐音。

【妙趣横生】

借助谐音巧对对子

有位塾师对学生说：“你父亲明天测试，你要以‘金带’相对，切记！”

次日，师生对罢，其父恐怕他们作弊，便以“和同”嘱对，子低声对“金带”，塾师忙掩饰说：“你将‘分派’二字吐明！”

其父再云“黄花”，子仍对“金带”，师又掩饰说：“您可能没听清，他说的是‘青菜’。”

父又出句“花椒”，子还是对以“金带”，塾师巧言说是“荆芥”。

父复指吕洞宾之像出“神仙”，子还是对以“金带”，师以“精怪”饰之。

父亲指着春帖“丙辰”年号谓其子曰：“可对否？”子对如前，师复以“丁亥”掩饰。

其父无奈，只好作罢。

一桶天下

从前有个姓薛的大臣，为官清正。其子薛登聪明伶俐。当时有个奸臣金盛总想陷害他，但苦于无处下手，便决定在薛登身上打主意。

有一天，金盛见薛登正与一群孩童玩耍，于是诡计顿生，大声喊道：“薛登，你如果敢把皇门上的桶砸掉一只，那才是有胆量的英雄！”

薛登不知是计，马上跑到皇门边上，把竖立在那里的一对木桶砸掉了一只。金盛暗自高兴不已，立即上报皇上。皇上龙颜大怒，即宣薛登父子问罪。

薛登父子跪在地上，父亲战战兢兢，儿子却嬉笑如常。

皇帝见状大怒道：“大胆薛登，为何砸掉皇门之桶？”

薛登想了想，反问道：“皇上，你说是一桶（统）天下好，还是两桶天下好？”

“当然是一统天下好！”皇帝果断地说。

薛登笑着说：“皇上金口玉言，一统天下好，所以我才把那只多余的桶砸掉了。”

皇帝听了，转怒为喜，称赞道：“好一个聪明的孩子！”

【妙趣横生】

岳父留女婿

古时有个秀才，一次去探望岳父时，突然下起雨来，天色已黑，不能回家，又不好向岳父开口，甚是焦急。

岳父什么都没说，而是写了几个古人名字放在桌上：“夏大禹、孔仲尼、姬旦、杜甫、刘禹锡、子莫、颜回。”

张秀才看完，高兴地说：“今天我不走了！”

岳父问他为何不走了，他说：“您不是写着‘下大雨，恐中泥，鸡蛋豆腐留女婿，子莫、言回’吗？”岳父听了，哈哈大笑，称赞女婿聪明。

画师巧戏西太后

清末的时候，山东有个著名的画师，名叫李奎元。有一年，慈禧太后为了修建颐和园，传圣旨把他召到京城，要他画一个大屏风，放在仁寿殿里，好为她歌功颂德。李奎元心里痛恨慈禧，可是又不能违抗，只好答应了。

献画的那一天到了，慈禧带了文武百官来看画，只见屏风上画了一个胖小孩，跪在午门前，手里托着一个大寿桃，后面飘着各种国旗，排列着各国军队。官员们都拍马屁说：“这是仙童祝寿，万国来朝！”慈禧开始还很得意，突然，她想到了什么，大声骂道：“他好大的胆子，竟敢骂我！”她马上派人抓李奎元，李画师却早已逃走了。

原来，各国军队列“阵”，托桃寓“脱逃”，合起来就是讽刺西太后当年“临阵脱逃”跑到西安的事。

【妙趣横生】

谐音降名次

清代同治年间，江苏考生王国钧参加殿试，本为一等，但因为慈禧太后看见他的名字谐音“亡国君”，大为不满，于是马上下旨把王国钧的名次降为三甲。王国钧后来被发往安徽任知县，慈禧太后还不解恨，又“议改”，王从县级官员变为教员，二十年后才因表现突出被选任云南某县县令。

白吃又何妨

相传，有卖韭、蒜、葱和白菜的四个人，交往甚密，每天收市之后，便在一处，但卖白菜者十分吝啬，从来没有请过客。

有一天，卖韭、蒜、葱的三人凑在一起商议，设法让那位卖白菜的仁兄破费一次。吃饭的时候，卖韭菜的提出行酒令助兴，各吟诗一首，要求每句首字必须是本人所卖的东西。

卖韭菜的从座位上站起来，率先说道：

久（韭）饮他人酒，

卖蒜头的接着说：

算（蒜）来不应当。

卖大葱的紧接第三句：

聪（葱）明人自晓，

最后轮到卖白菜的人，他知道三人是在挖苦自己，但他脸不红，心不跳，不慌不忙地夹起一块肉放进嘴里，边嚼边说：

白（白菜）吃又何妨！

【妙趣横生】

见鸡而作

从前有一个地主，很爱吃鸡，佃户租种他家的田，光交租不行，还得先送一只鸡给他。有一个叫张三的佃户，年终去给地主交租，并佃第二年的田。去时，他把一只鸡装在袋子里，交完租，便向地主说起第二年佃田的事，地主见他两手空空，便两眼朝天地说：“此田不予张三种。”

张三明白这句话的意思，立刻从袋子里把鸡拿了出来。地主见了鸡，马上改口说：“不予张三却予谁？”张三说：“你的话变得好快啊！”地主答道：“方才那句话是‘无稽（鸡）之谈’，此刻这句话是‘见机（鸡）而作’。”

七两漆

从前，某地在江的对岸，百姓要外出办事，必须坐船过江。江边上有个热闹的码头，县官派衙差守住渡口。百姓带什么东西渡河，都要交税。人们都恨透了那个衙差王扒皮。

农户李二决心要整一整王扒皮。一天，他特意买了七两漆油渡江，王扒皮问他要钱，李二说一分钱也没有。王扒皮便强行拿走了他的七两漆油。

李二马上到县官跟前告状，说王扒皮勒索了他八两银子。县官见王扒皮竟敢私吞“税款”，没有分给自己半点好处，勃然大怒，喝问王扒皮：“我正纳闷近日税款为何越来越少，原来是你这个小子在搞鬼。现在李二告你，你拿了他八两银子！”

王扒皮连忙叩头道：“大人，小人只拿了他七两漆（七）！”县官一听，更为恼火，大声斥道：“七两七还少吗！来人，重打七十七大板！”老百姓听了无不拍手叫好。

【妙趣横生】

“卑职小名叫狗儿”

古代有一则笑话说，一个靠捐钱做官的县令，去谒见上司。上司问：“贵治风土如何？”县令回答：“并无大风，更少尘土。”问：“百姓如何？”答：“白杏只有两棵，红杏倒有不少。”县令答非所问，上司恼羞成怒，大声斥责：“混蛋，我问的是黎庶。”县令吓得发抖，连忙回答：“梨树多得很，只是结的果子少。”上司哭笑不得，拍着桌子喝道：“我不是问你梨杏，是问你小民！”县令赶紧站起来说：“卑职小名叫狗儿。”上司被弄得啼笑皆非，连连摇头：“狗儿呀狗儿，你真是一条狗儿！”

因获“枣桃”得幸免

明代，朱元璋当上皇帝以后，唯恐有人威胁他的帝位，于是产生了杀功臣的念头。

经过一番苦想，他决定兴建一座功臣楼，然后把这些功臣请到楼上赴宴，借故失火，烧死他们。这样既可推卸责任，又可达到自己的目的。

这件事被皇后马娘娘事先得知，她觉得这样做有些太过残忍，却又无力阻止。这时，她首先想起了为大明江山立下汗马功劳的军师刘伯温，本打算派个心腹给刘伯温送信，但又怕泄露天机。于是她便想了一条妙计，叫太监给刘伯温送去两盒礼品，一盒枣子，一盒桃子。

刘伯温接到这两样礼物后很是纳闷，他心想，皇宫里有的是山珍海味，时鲜果品，娘娘为什么在这个时候送这两样平常的东西呢？这其中一定有什么隐秘。他想了好久，终于悟出了这“枣桃”原来是“早逃”的谐音。

【妙趣横生】

纪晓岚茶盐救姻亲

纪晓岚有个儿女亲家叫卢雅雨，卢雅雨任两淮盐运使时，铺张挥霍，致使财力亏空，只得挪用国库的盐税款。朝廷接到举报后，决定对他进行突击审讯。当时在京城的纪晓岚听到风声，十分为难，如果去报信，搞不好连累自家。他想了一想，急忙命一个心腹仆人连夜向亲家通风报信，为了防止泄露，他处心积虑想了个妙法：在空信封里装了一点儿茶叶和盐。

卢雅雨接到信后拆开一看，思索片刻，吓出了一身冷汗，忙将财产转匿，等到抄家时，他老人家已是两袖清风。

原来，卢雅雨看出了纪晓岚的意思：茶盐空。就是说：朝廷要来人查盐款亏空的事，当然卢雅雨会早做准备了。

心耳在这里

某地来了一位新巡抚，有一天，他操着家乡话对差役说：“你给我买根竹竿来！”

差役误听为“猪肝”，立即上城买来猪肝，还自作主张买了一个猪心，满以为巡抚会高兴。

谁料巡抚一见，不禁大笑，责怪他做事不动脑筋，道：“你的心在哪里？”

差役忙从衣袖里拿出猪心，回答说：“大人，心在这里。”

清代，有个县太爷，夏天怕热，想买一张竹床，便对仆人吩咐道：“你到市场给我买一张竹床来！”说着，递给仆人一块银元。

没有想到的是，仆人将“竹床”听成了“猪肠”。他径直跑到肉店，把钱往肉案上一搁，大声道：“给我称副猪肠！”

老板见是县衙门的人，赶忙拿了副猪肠，上秤一称，还差二两，便补给两只猪耳朵。仆人喜笑颜开，暗想：老爷只叫买一副猪肠，现在却多了两只耳朵，这小小外快正好供我下酒，于是将猪耳朵藏在袋子里。

仆人即刻回衙交差。县官见仆人拎着猪肠，不禁火冒三丈，斥骂道：“叫你去买竹床，偏偏买来猪肠，耳朵到哪里去了？”

仆人吓得面如土色，慌忙摸出两只猪耳朵颤抖着呈上，哆哆嗦嗦地说：“老爷，耳朵在这里。”

【妙趣横生】

有“机”可乘

有一个商品推销员去广州出差，返程时想坐飞机回去，因怕经理不同意报销，便给经理发了一封电报：“有机可乘，乘否？”经理接到电报，以为是成交之“机”已到，便立即回电：“可乘就乘。”这个推销员出差回来报销差旅费时，经理以不够级别，乘坐飞机不予报销的规定条款，不同意报销飞机票。推销员拿出经理回电，经理看后目瞪口呆。

狼狗之辩

高士奇是清康熙年间的著名学者，他学识渊博，聪明机敏，深得康熙皇帝的宠幸和赏识。

高士奇做礼部侍郎时，与吏部尚书索额图和都御史明珠是同僚，三人经常开玩笑。

一日，三人一起徒步外出办事，行走间突然有一条大狗从胡同蹿出，然后跑远。明珠问了一句："是狼是狗？"索额图一听，哈哈大笑道："是狼是狗（侍郎是狗），你得问江村（高士奇，号江村）。"

高士奇听出二人是在一唱一和地用谐音骂自己，但他不露声色地说："那是条狗。"二人以为他没有听出话中的玄奥，便得意地打趣道："何以见得？"

高士奇笑着道："狼、狗区别主要有二：其一看它的尾巴，下垂是狼，上竖是狗（尚书是狗）；其二看它吃什么，狼只吃肉，狗却是遇肉吃肉，遇屎吃屎（御史吃屎）。"

这个狼狗之辩顺势而为，毫不费力地回敬了吏部尚书索额图和都御史明珠。二人虽然挨了骂，可心里很佩服高士奇的智慧和机敏。

【妙趣横生】

佛印藏鱼

苏轼挚友佛印虽是出家人，却顿顿不避酒肉。这日，佛印煎了鱼下酒，正巧苏轼登门来访。佛印急忙把鱼藏在大磬之下。苏轼早已闻到鱼香，进门不见，心里一转计上心来，故意说道："今日来向大师请教，'向阳门第春常在'的下句是什么？"佛印对老友念出人所共知的旧句深感诧异，顺口说出下句："积善人家庆有余。"苏轼抚掌大笑："既然磬（庆）里有鱼（余），那就积点善，拿来共享吧。"

第四章　汉字的多张面孔

有“贼”形的“赋”

古代有一个富商，识字不多。一日，他带领几个家人坐船到外地做买卖。

船行到某一地方，远望江中有座小亭。当船经过小亭时，亭上“江心赋”几个大字突现眼前。商人一见，不由得惊出一身冷汗，禁不住大叫起来：“不好，江心有贼，赶快返回！”

家人一听，赶忙叫船家掉转船头。不料船家仍继续航行，他一边笑，一边指着那几个大字说：“先生，你看仔细，那不是‘江心贼’，而是‘江心赋’啊。”

富商一听，心中不服，只好附和着说：“赋就赋吧，可是还有些贼形。”

还有一个常读别字的先生。一天晚上，他给学生讲苏轼的前后赤壁赋，把“赋”念成了“贼”。

恰在这时，有个小偷藏在窗外，听先生大声道：“这《前赤（念成拆音）壁贼》呀！”小偷听了大吃一惊，暗想，他们已经知道前边有贼，不如到房后去偷。

此时，先生讲完课与学生来到后房睡觉。上床后，又与学生论起《后赤壁赋》，照样把“赋”念成“贼”。小偷正好又在外面听见了，不禁叹息说：“这教书先生真是神通，主人请上这样的先生，连看家狗都不用养了！”

【趣味解读】

“赋”和“贼”字虽然形体相近，却有根本上的不同。“赋”为形声字，从贝，武声。从“贝”，表示与财物有关。本义为“征收”。

“贼”也是形声字，从戈，则声。“贼”的读音应该念“则”（zé），修订版的《辞源》和《辞海》注的就是这个音，但国家语言文字工作委员会于1985年12月27日公布的《普通话异读词审音表》根据约定俗成的原则将这个字的读音审定为zéi，废弃了zé的读音，本义为毁坏。

华佗再见

华佗是三国名医，曾为关云长刮骨疗毒。几千年后，却发生了“再见，华佗！”的故事：

有一位青年，英语学得很好，单位领导就叫他陪同外宾，兼为翻译。在参观访问时，他对答如流，受到外宾的赞赏。有一次，他陪同外宾来到一家医院，仰面看见门额上挂着一长方匾，上面黑底金字，写着“华佗再见”。一位外宾问这位青年：“请问，这块匾上的字是什么意思？”

他说：“再见，华佗！”

外宾感到迷惑不解：“怎么把我们叫‘华佗’呢？这是尊重还是蔑视？”

外宾虽有这样的想法，也只好藏在心里，继续参观。

其实，“华佗再见”的“见”通“现”，是说这医院的医生医术高明，如同华佗再世。

【知识链接】

文白异读是汉语方言中一种独特的现象，一些汉字在方言中有两种读音。一种是读书识字所使用的语音，称为文读，又叫读书音、文言音、字音；另一种是平时说话时所使用的语音，称为白读，又叫作说话音、白话音或话音。

别存草草心

清末有个叫何秋辇的人。有一天，他接到一位留学生的信，信里把“何秋辇”写成了“何秋辈”，信里还把“草菅人命”写成“草管人命”。

何秋辇看了信后，连连叹息，说：“读书认字不认真啊！竟然把我的名字都写错了。”他拿了信在房间里踱来踱去，不一会儿，就编出了一副对联：

辇辇共车，夫夫竟作非非想；

菅管同官，个个多存草草心。

他在给留学生的回信里，写上了这副对联。不久，那位留学生亲自登门道谢，对何秋辇说：“何老伯，过去我总是分不清这些字，看了你的对联，我全明白了。”

【妙趣横生】

草菅人命

民国初年，四川陆军第三师师长孙兆鸾，识字不多，却喜爱在大庭广众之下卖弄斯文。

部队要上前线了，他召集士兵训话：“我们军人应当丧命疆场，马革裹（里）尸！”

有一次，他当众宣读布告，竟将“草菅人命”念成“草管人命”。

后来，在一次宴会上，有人为了捉弄他，便写了一副讽联，请他当面指正：

山管人丁水管才，草管人命；

皮裹袍子布裹裤，马革裹尸。

孙兆鸾连称：“好得很，好得很！”就在这赞扬声中，爆发出一阵戏谑的笑声。

买鸡风波

从前有个监生，姓齐，虽然有钱，却识字不多。有一天，当地太守写了一张条子要买鸡两只，兔一只。差役不识字，就请求齐监生帮忙看看。齐监生念道：“买鸡两只，免一只。”差役买了一只鸡回来，送给太守。太守大怒：“条子上明明写着鸡两只，兔一只，为什么只买一只鸡？”差役告诉太守是齐监生说的。太守便把齐监生拘来，关进斋戒库。监生一进库内，见碑上有“斋戒”二字，以为是他死去的父亲齐成的姓名，因为“斋”的繁体字“齋”和“齐”的繁体字“齊”形近，便大哭起来。别人问他为什么哭，他说：“这是我父亲的灵座，不知道是谁建立的，睹物伤情，怎能不哭？”太守听了后，一怒之下，革了他的监生功名，让他苦读诗书。

【妙趣横生】

汉字的对话

“飞”对“乙”说：亲爱的，你慢慢飞，翅膀丢了你怨谁？

“斤”对“所”说：告诉我，我俩真的是双胞胎吗？

“四”对“兄”说：姐姐，几年不见，儿子都长这么大啦！

“凸”对“凹”说：小样儿，你把脑袋缩回去我就不认识你啦？

“月”对“用”说：小样儿，你扎条领带我就不认识你啦？

“占”对“毡”说：小样儿，你穿件翻毛大衣我就不认识你啦？

“口”对“日”说：小样儿，你系条裤带我就不认识你啦？

“戋”对“贱”说：哥们儿，跟我装是不？你以为有钱就高贵了吗？

“本”对“笨”说：姐们儿，听我一句话吧，咱还是别戴帽子了！

“恳”对“恨”说：亲爱的，心大点吧，天天咬牙切齿的牙不疼吗？

“女”对“奴”和“妃”说：看到两位姐姐我才知道嫁错人的后果是多么严重啊！

狐女戏书生

蒲松龄的《聊斋志异·狐联》中讲了一个故事：章丘焦生在园中读书，半夜有两位美女前来，焦知其为狐精，拒之。美女不肯离开，说能对上她的对联，就自行离开。联云：

戊戌同体，腹中只欠一点。

焦凝思良久，不能对。女笑曰：“名士固如此乎？我代对之可矣。”对道：

己巳连踪，足下何不双挑。

说罢，一笑而去。

同体，是说“戊戌”二字基本结构一样。欠一点，即“戊”只比“戌”少中间一笔。按：“戌”中加一点为“戍”，但干支无“戊戍”，故此言“一点”，只是权宜的说法。这“一点”言外之意又可以理解为“墨水”“变通”之类。足下，既指“己巳”二字的下部，又是对焦生的尊称。“己”字古时并不上挑，问何不双挑，因此而发。双挑，又指两女都要。这些均语带双关。

【趣味解读】

“己”读音（jǐ），是天干的第六位。“已”读音（yǐ），如已经，表示停止、后来等。“巳”读音（sì），如巳时，表示地支的第六位。

“戊”读音（wù），是天干的第五位。“戌”读音（xū），地支的第十一位。“戍”读音“shù”，表示守防，如戍边等。

为了区分两组不同的字，曾有两句顺口溜，念起来很顺口，也容易记：“己”开，“已”半，“巳”封严，（指的是上面那个口，由开到一半到封严）；“戊”空，“戌”平，“戍”一点。（指的是里面，由空，到一平，到一点）。

枇杷并非琵琶

明代有个叫沈石田的文人，一次收到友人捎来的礼物和一封信，信中说：“送上琵琶一盒，请笑纳。”沈石田打开一看，里面装的不是琵琶而是枇杷。他在回信中跟友人开玩笑：“蒙赠琵琶，不胜感激。然开奁视之，叩之无声，食之有味。”这位友人见了沈石田的回信，知道自己把字写错了，羞愧之余，写了一首诗自嘲：

枇杷不是此琵琶，
只怨当年识字差。
若是琵琶能结果，
满城箫管尽开花。

【趣味解读】

“枇杷”和“琵琶”读音相同，都读pí pa。但“枇杷”是一种水果，而“琵琶”则是一种弦乐器，意义和写法完全不同。

汉字是表意文字。多数汉字的字形、字音、字义之间是有一定内在联系的。如：“枇”“琵”，“杷”“琶”都是形声字。它们有相同的声旁“比”和“巴”，所以“枇”和“琵”读音相同，“杷”和“琶”读音相同。“枇杷”二字的形旁是“木”，表示和树木有关。“琵琶”二字的形旁是“玨（jué）”，表示两块玉石互相撞击，玉石撞击会发出美妙悦耳的声音。

傻女婿拜寿

从前有个傻女婿，要给岳父拜寿。临走的时候，妻子嘱咐他说话时要多带个“寿”字。于是，他到了岳父家，见了蜡烛叫“寿烛”，见了点心、桃子叫“寿糕”“寿桃”，见了面条叫“寿面”。岳父见女婿说话处处带个“寿”字，十分高兴。

正吃着寿面，看见岳父头上有一只苍蝇，傻女婿连忙用手拍过去，一边拍一边还说：“不要怕，我不会拍痛寿头，打伤寿脑的。”岳父听了他这话，气得手直发抖，把碗里的面汤洒在了自己的新衣服上。傻女婿连忙用毛巾替岳父擦干净衣服，又说：“好好的一件寿衣上浇了面汤，怪可惜的。”岳父气得半天说不出一句话来。

吃完了寿面，傻女婿摆弄着桌子上一个红木匣子，当着岳父的面说：“这寿木、寿材真够漂亮的。”岳父听了，气得昏死了过去。

【趣味解读】

傻女婿之所以闯了祸，就是因为他不了解“寿”的含义和用法，不管“寿”的感情色彩和使用场合。“寿面”“寿桃”是“寿”的正面用法，是吉利的字眼；而“寿头”“寿脑”在吴方言里是“傻头”“傻脑”的意思；“寿衣”“寿木”“寿材”则是指为去世的人准备的衣服和棺材。故使用时一定要注意词语的感情色彩，不同的场合用不同的词。

媒婆巧说媒

从前，有一个姑娘因为缺了一块嘴唇，一直嫁不出去。有一个小伙子因为没鼻子也娶不到媳妇。他们虽然相貌有点缺陷，但找对象时都有一个共同的条件：不要残疾的。有一个巧嘴媒婆计上心来，开始撮合他们两个。巧嘴媒婆对小伙子说："这个姑娘没有别的毛病，就是嘴不好。"小伙子说："嘴不好不算毛病，好好调教一下，慢慢她就会改嘛！"巧嘴媒婆对那个姑娘说："这小伙子什么都好，就是眼下没有什么。"姑娘听了笑笑说："眼下没什么怕什么，我陪嫁多点，以后勤快点，就是了。"巧嘴媒婆见双方都表示同意，于是要他们把自己说的话写下来，省得以后有麻烦，口说无凭。新婚之夜，真相大白。双方都指责媒婆骗人。巧嘴媒婆拿出字据说："我不是对你们说了'姑娘嘴不好，小伙子眼下没有什么'吗？怎么能说我骗人呢？"姑娘和小伙子才恍然大悟，但木已成舟，又有什么办法呢？

【知识链接】

多义词是具有几个彼此不同而又相互关联的意义的词，这些意义是同属一个本义或基本意义的引申。人们在生活中要反映日趋复杂的客观现象，就不可避免地要用原有的词来表示相关的其他事物，使新旧词义并存。多义词大多是一些和生活关系最密切的常用词，以动词、形容词居多，以单音词居多。多义词在使用时，在一定的上下文中一般只表示其中的一个意义。多义词在比拟、比喻、借代等修辞中，因其"多义"的特点，可以收到良好的表达效果。

武则天谈文论字

相传，唐朝女皇武则天很有才学，对文字也有所研究。一次，她对群臣说：“我发现，射字由身、寸构成，一个人身高只有一寸，这不是矮字吗？矮字由矢、委构成，委原是发放之意，把矢（箭）发放出去，这不是射吗？所以我说，矮、射两字应该互相掉换过来使用，大家说对吗？”

群臣听了，无不拍手叫好，齐声称颂圣皇的独到见解！

【趣味解读】

“射”在金文中是个由弓、矢、手三部分组合成的会意字，意即箭搭弓上，以手发射，故其本义是射箭。“矮”字右边委的甲骨文形体是一个跪在地上的女人手拿一蔸干枯蜷曲的禾的形象，稻禾枯萎蜷缩，比盛长挺拔之时显得短小；矢加委，表示枯萎的禾只有一箭之长了，故矮的本义为短小。

“缄”为何意

有一姓马的人，儿子叫马小明。马小明十八岁后，到外地当兵，到了部队稍作安顿，马小明就给家里写了一封信。待到要邮寄时，发现别的新兵在信封上的落款处写着“王缄”“李缄”等。“缄”在这里是封口的意思，马小明不懂，想问别人，又怕被人小瞧了；想着别人都写了，干脆自己也照写吧，就写上“马缄”。

父亲接到信，先是一愣：以为寄错了，后来看到字迹是儿子的，心想：这小子怎么刚进部队就改了名？看信时，落款处仍是马小明，想了半天，忽然醒悟：准是部队里讲究起个新学名，于是回信时便在信封上写了“马缄”收。

这样过了一个月，父亲给儿子写了三封回信，均因“查无此人”而退回。看着这一封封被退的信和儿子信中埋怨父亲不给他回信的话，做父亲的怎么也不知毛病出在哪里。

第四封信封上写着“马缄”收的信送到新兵连，被细心的指导员发现了，他见地址和连队唯一的一个姓马的新兵马小明家的地址一样，猛然闪出个念头，让通信员给马小明送了去。马小明见到父亲那熟悉的字迹，急忙拆开，映入他眼帘的是：“缄儿，我给你已经去了三封信，都因‘查无此人’而……”马小明看到这，全明白了。随后赶到的指导员细心地为马小明讲述了“缄”的意思。马小明表示要在部队里好好学文化。

【趣味解读】

信封上何以写上“缄”字？溯其源，“缄”，原来是捆箱子的绳子，《说文解字》载：“缄，束匧也。”“匧”即“箧”即箱子之类的东西。又引申为“封”，指的是把公文或书信封盖上，使内容保密。另外，缄由“捆”引申为“封”，与古代公文书信有关。东汉前，公文书信多写在木板或竹简上，叫“札”，并用绳子捆上，绳子打结处再加一块泥，然后在泥上盖印章，以防被拆，叫“封泥”。用绳子捆叫“缄”，用泥盖印叫“封”，解开绳子叫“开缄”。“缄”和“封”的目的均为保密。

吝啬相伴

从前，有两个人，一个称吝先生，一个称啬先生。

有一天，吝先生去城里办事，路遇啬先生，二人谈得十分投机。临别时，彼此相约，中秋佳节，两人一起赏月；还约定，吝先生带酒，啬先生备菜。

中秋之日，天高气爽，两人依约前往指定地点。这两人都是有名的小气鬼，虽言定各备一物，可是谁也不愿花一文钱。见面后，见对方手中都是空空如也，不觉大笑，但仍然镇定地坐在石桌旁边。

吝先生首先站起来，他用手做成一个杯的形状，遥指高空，高声说道：“月光如水，水如清酒，请啬兄开怀畅饮！”啬先生也毫不示弱，随即伸出两个手指当筷子，指着荷塘缓缓地说：“池中游鱼，鱼便是菜，请吝先生大饱口福！”吝先生做出喝酒的模样，自夸道：“好酒，好酒！杜康也要逊色三分！”啬先生也假装吃菜的样子，说：“好菜，好菜，山珍海味也无法与之相比！”

过往游人见他们二人荒唐的举动，无不笑得前仰后合。其中有一位游客认识吝、啬二人，于是风趣地挖苦道：“你们喝的是吝啬酒，吃的是吝啬菜，活着是吝啬人，死了是吝啬鬼，吝啬相伴，永不分离！”

【知识链接】

在汉语中，有一种词叫联绵词。所谓联绵词，就是由两个音节连缀成义而不能分割的词。它们或有双声、叠韵的关系，如“玲珑”“徘徊”“窈窕”；或无双声叠韵但有密不可分的关系，如“蜈蚣”“胭脂”“妯娌”；或同音相重复，如“白白”“津津”“脉脉”等。

败在一撇上的战争

1930年5月，中原大地上爆发了国民党党内大战。冯玉祥、阎锡山等为一方，蒋介石为另一方，在河南省南部拉开战争序幕，双方共投入了一百多万兵力。

战前，冯玉祥与阎锡山约定在河南北部的沁阳会师，集中兵力歼灭蒋军。然而，冯玉祥的作战参谋在下达命令时，把“沁阳”写成“泌阳”，多写了一撇。无巧不成书，泌阳也是河南省的一个县，只不过，沁阳在黄河北岸，而泌阳在河南南部桐柏山下，两地相距数百公里。冯玉祥的部队依照命令错误地开进泌阳，没能和阎锡山的部队会合，贻误了聚歼蒋军的时机，让蒋军夺得了主动权，致使冯、阎在后面的作战中处处被动挨打，以失败而告终。如果当时参谋不多写那一撇，冯、阎联军得以顺利会师，中原大战的结局可能就会改写，历史也可能会呈现出另一幅画卷。

【趣味解读】

沁：形声字，从水，心声，本义指沁河。沁河即今山西省平遥县黑城村，南流至河南省武陟县，最终流入黄河。沁阳即由沁河得名。

泌：形声字，从水，必声，本义指泉水涌出的样子。泌阳为河南省县名，在河南省南部泌阳河流域。汉置泌县，明改为泌阳县。

拘泥于古典

明太祖朱元璋登基之后，为酬报上天，准备祭天，令大臣起草祝词。

起草的大臣在文中以“予、我”等词作为皇帝的代称，没用“朕”字。朱元璋见后大怒，以为是轻视他，暗示他配不上朕字，便准备将起草大臣统统杀掉。

这时，文臣中有个叫桂彦良的出列，顺着朱元璋的话意指责起草的人：

“你们所拟的祝词，不合时宜，太拘泥于古典。商朝的成汤在祭天的祝词里自称‘予小子履’，意思是‘我是你的小儿子，名字叫履’；周朝的武王在祭天祝词中又用过‘我将我飨’，意思是‘我用酒浆与食物祭祀，请受祭者享用’。事到如今，你们这些儒生竟然还套用商汤时的陈旧词语，把予、我搬进祝文中，以致烦劳皇上谴责，实是罪有应得。”

朱元璋听了桂彦良的一番话，才明白自己少学寡闻，只知其一，不知其二，于是打消了加罪起草人的念头。

【趣味解读】

商周时期，“予、我”多作帝王的自称，这在《尚书》中用得较多；后来转为一般人的自称。“朕”在秦朝以前，是表通称的第一人称代词，如屈原《离骚》中“帝高阳之苗裔兮，朕皇考曰伯庸”，其中“朕”便是屈原自指；从秦始皇开始，“朕”被用作帝王的专称，后世相沿不变。

狱囚瘐死

清朝有个大臣叫刚毅。他官至刑部尚书，学问却马马虎虎。有一次，看见监狱送来的报告，上面有“狱囚瘐死”的文句，他便提笔把“瘐”字改为“瘦”字。本来是他自己写错了，他还训斥手下的人，说：“‘瘐死’真是胡写。你们不识字，还做什么官？以后再错，非重重处罚你们不可。”有人悄悄告诉他说：“‘瘐’就是罪犯死在监狱里的意思，这是个形声字。”刚毅听了，仍然狡辩，他说：“罪犯在牢里，由于吃得不好，慢慢地瘦下去，死了。所以只能是瘦死，哪儿来的瘐死呢？”

【趣味解读】

瘐，读作yǔ。动词，忧郁的意思。如：瘐瘐（忧郁之病）；瘐困（疲乏）；瘐弊（囚犯病困）。瘐死是指囚犯在狱中病死。例如：

今系者或以掠辜，若饥寒，瘐死狱中，何用心逆人道也！——《汉书·宣帝纪》

那门丁熬刑不过，便瘐死了。——清·吴趼人《二十年目睹之怪现状》

第五章 历史人物和他们的汉字故事

孔子占卜

相传，孔子的弟子子贡外出久久不归，孔子与其他弟子在家中为他着急，于是卜了一卦，结果得了一个鼎卦："无足。"大家看着这个卦象，焦急万分，认为"无足"二字说明子贡再也不会回到他们的身边了。大家正在惊恐之际，颜回在一旁偷偷地笑。孔子见了问道："颜回，你的意思是子贡会回来吧！"颜回点点头说："老师，正是这个意思。"孔子不解地追问道："你是怎么理解'无足'的呢？"颜回解释道："所谓'无足'，是说子贡要坐船回来，不用步行，我看他很快就会回来了。"第二天早上，子贡果然乘船回来了，应验了颜回对"无足"二字的解释。因为"乘舟而来"，暗示了一个"歬"（前）字。

【趣味解读】

"前"字的甲骨文、金文、小篆写法，看上去都像人在船上，自然是乘船而去，不用步行。这是"前"的本义。

五谷丰登的"年"字

春节起源于殷商时期的祭神祭祖活动。我国古代先民经过一年辛勤劳动，在岁尾年初之际，便用打来的野兽或自家养的家禽来祭祀众神和祖先，以感谢大自然的赐予，这就是"腊祭"。

农历正月初一是春节，又叫阴历（农历）年，俗称过年。关于过年的来历，民间还有另外一种传说：古时候，有一种叫作"年"的凶猛怪兽，每到腊月三十，便串村走户，觅食人肉，残害生灵。有一个腊月三十晚上，"年"到了一个村庄，适逢两个牧童在比赛抽牛鞭子。“年”忽闻半空中响起了啪啪的鞭声，吓得望风而逃。“年”又窜到另一个村庄，迎头看见一家门口晒着件大红衣裳，它不知其为何物，吓得赶紧掉头逃跑。后来，“年”又来到了一个村庄，朝一户人家门里一瞧，只见里面灯火辉煌，刺得它头昏眼花，只好又夹着尾巴溜了。

由此，人们摸准了“年”怕响、怕红、怕光的弱点，等下一次“年”再来的时候，人们便燃起晒干的竹子，贴上红字。后来，又逐渐演化成放鞭炮、贴对联等过年的风俗。

【趣味解读】

三千多年前就有“年”字了。甲骨文、金文中的“年”字，像以人负禾的姿势，又像欢庆丰收的舞蹈形态。后来“年”字字形变化很大，但意义变化不大，禾熟为年。卜辞里“年”“禾”二字还可以通用。现今二字虽不通用，但关系十分密切。所谓年成、年景，都指谷物收成。“人寿年丰”“丰年”中的“年”都指农作物的收获。

神农氏发现茶

传说神农氏时代，人口渐渐增多，人们靠打猎难以获得足够的食物。加上当时人们什么东西都吃，因此经常生病。神农氏为此十分担忧，决定去找可以定期获取食物的方法。传说中神农氏的肚子是透明的，内脏能看得一清二楚，吃下去的东西也能看出它的消化情况。于是他开始尝百草，然后透过这个肚子，观察吃下去的东西发生的变化。

神农氏准备了两个口袋，一个放在左边，一个放在右边。能吃的东西放在左边的口袋里，作为食物；不能吃的东西放在右边的口袋里，当作药物。

他尝了一片嫩尖的绿叶，发现它落在肚子里后，把肚子里的各部分擦洗得干干净净。神农氏把这种东西叫作“查”，后来人们就叫它“茶”。“茶”在中国历史悠久，到了商汤时代，人们就开始普遍饮用茶了。这就是关于茶叶起源的传说。

【趣味解读】

在古代史料中，茶的名称很多，但“荼”是正名，“荼”字在中唐之前一般都写作“荼”字。“荼”字一字多义，表示茶叶，只是其中一项。由于茶叶生产的发展，饮茶的普及程度越来越高，茶的文字使用频率也越来越高，因此，民间的书写者，为了将茶的意义表达得更加清楚、直观，于是就把“荼”字减去一画，成了现在我们看到的“茶”字。“茶”字从“荼”中简化出来始于汉代，古汉印中，有些“荼”字已减去一笔，成为“茶”字之形了。

“醋”字的产生

关于“醋”字的产生，历史上有两种传说：

相传在远古时期，夏代杜康的儿子叫黑塔，成人后他带领自己的部下东迁到现在的江苏靠近长江的镇江一带定居下来，并在长江边上开设了一家酿酒的作坊。当酒糟用水泡至二十一天酉时，他打开缸盖，突然一股香味扑鼻而来。他一尝，感到这种东西又酸又甜，与酒不同。他想给这种东西取个名字，想了想，这东西是用酒糟经过二十一天后才制成，于是他用“二十一日”，即“昔”字加上“酉”字造了一个“醋”字，以此字作为这种又酸又甜的物质的名称。自此，镇江的醋闻名遐迩，直到现在，镇江的醋仍然是以二十一天为一个酿制周期。

另一个传说是杜康造酒时，将酒糟浸在缸里，二十一天后的酉时（下午五点至七点），他揭开缸盖，一股香味扑鼻而来，再尝尝缸里的水，香喷喷、酸溜溜、甜滋滋，味道好极了。于是，杜康就照此制作，并把它推广开来。后来造得多了，杜康想得有个专名才好。他想了许久，猛击一下脑门，这是二十一日酉时成功，“二十一日”加上“酉”不是“醋”字吗？就叫作醋吧。

【趣味解读】

以上只是古代传说，不足为据。在我国古典文献中，醋本作“醯（xī）”或“酢（cù）”，曾被先人称为“苦酒”。最初的制法是用麦曲使小米饭发酵，生成酒精，再借醋酸菌的作用将酒精氧化成醋酸。先秦时期醋还是一种贵重的调味品，汉代已渐渐多起来。

从结构来看，“醋”字的左边为“酉”，“酉”本为古代的盛酒器，此处指酒。它说明了“醋”与酒有关，或者说“醋”是酒类物质。其右之“昔”字据许慎说为声符。因此，人们认为“醋”为形声字。

“福”字为什么倒贴

新春佳节，人们喜欢在门、窗上倒着贴几个大大的“福”字，以祈求吉祥。“福”字倒贴的习俗源于清代。

有一年春节前夕，清朝的恭亲王府正忙着布置府院，准备迎接新年。王府的大管家像往年一样，写了几个大大的“福”字，让人张贴到门上。可是，有一个下人不识字，竟然把“福”字贴倒了。恭亲王福晋看见后，十分恼火，要惩罚那个下人。大管家是个能说会道的人，怕福晋怪罪下来牵连自身，赶紧跪在地上讨好地说：“奴才经常听人们说起恭亲王寿高福大，您瞧，今天福真的到（倒）了。福倒福到，这是天意，乃吉祥之兆啊！”恭亲王福晋听他如此一说，不禁转怒为喜，当然也就免去了他们的惩罚。

后来，这个风俗就逐渐流传开来，人们都将“福”字倒着贴，贴上还要说几遍“福到了”，以图吉利。

【趣味解读】

甲骨文的“福”字右边为“示”，本为“灵石”，左边则是酒坛子的象形字“酉”字，“酉”是装酒的器皿。可见“福”是由“示”加上“酉”而成的会意字，意思是将一坛酒供在神主面前以祈求保佑，这就是“福”的本义。后来“福”字的字形演变为左边是“示”，右边是“畐”，“畐”的本义是“满”，即酒满。又由于“畐”是个大肚酒壶，其中斟满了酒，从而引申为富贵、福相。

凡鸟不是一般的鸟

魏晋南北朝时，著名文学家嵇康有一个好朋友叫吕安，有一次，吕安跋山涉水来拜访嵇康，恰好嵇康出门在外，并且还得四五天才能回来。因此，吕安打算不等嵇康回来，立即回家。此时，嵇康的哥哥嵇喜再三挽留吕安，可他还是要走。临走时，吕安在嵇喜的门上挥笔写了一个“凤”字。嵇喜看到这个“凤”字，认为客人在恭维自己为“鸟中之王”，因而非常高兴。后来，嵇喜将此事说给自己的一位朋友听，那位朋友告诉嵇喜说：“凤，从鸟，凡声。客人在讥讽你是一只‘凡鸟’，其意是不屑与你交谈，因此就走了。”经朋友这么一说，嵇喜才恍然大悟。

【趣味解读】

“凤”是古代传说中的一种神鸟。“凤”的繁体写作“鳳”，由“凡”字加上“鸟”字构成，从鸟，凡声。“凤”是杂糅了许多动物特征，想象出来的一种禽鸟。古人认为有“凤”出现，是天下安宁的吉兆，将“凤”塑造成一种瑞鸟。由“凤”与“龙”这两种动物构成的“龙凤”文化，是中国传统文化中极为重要的一项内容。古人还认为雄凤叫“凤”，雌凤叫“凰”，相传司马相如曾演奏乐曲《凤求凰》，以此俘获卓文君的芳心。

一字千金

在现在西安的碑林中，有一块非常特别而且有名的石碑，叫作《圣教序》碑，碑文内容是唐太宗为曾去西天取经的玄奘和尚撰写的，字是大书法家王羲之的手笔。若不深察，参观者只会觉得碑文内容、书法俱丰，但仔细观察则会发现，唐朝开国已在公元618年，比王羲之逝世晚了两百多年，唐太宗的文章怎么会由王羲之挥毫抄录镌刻呢？

这是主持刻字建碑的那位怀仁和尚的功劳。他崇敬玄奘，又以唐皇太宗能亲自撰写碑文为荣，更喜爱王羲之的书法，于是，他在征得各方同意和皇上恩准之后，便从王羲之以前留下来的书法墨迹中集字，凑成这块《圣教序》碑。

从遗墨中找齐碑文所需之字谈何容易？怀仁和尚呕心沥

血，翻查无数王羲之的书法作品，最后仍欠几字，他只好奏明圣上，唐太宗颁发告示，谁选到一字送来，即赏千金，终于集齐了全部碑文。

【妙趣横生】

崇祯测字

明朝崇祯帝在位时，曾让宦官装扮成普通百姓，去前门找一位占卜异常灵验的测字先生问国家前程。宦官随口说了个"有"字，先生在纸上写了"有"字，并说："大明江山不保矣！'有'是'大'字去掉一捺，'明'字去掉'日'而成，暗示大明江山已丢了一半。"宦官一听不吉利，马上改口说他要测的是朋友的"友"，先生面色沉重地说："'反'字出头，朝不保夕啊！"宦官又改口称说错了，原本想测的是酉时的"酉"，先生摇摇头说："九五之尊割头去尾，倾覆在即啊！"其实测字先生本是起义军假扮的，崇祯得到回话，认为天意如此，便彻底失去了斗志。

武则天的名字

唐朝女皇武则天时期，有个叫宗秦客的人凭借武则天亲戚的特殊身份，担任凤阁侍郎（掌管宫廷门户、随从皇帝）的要职。为了讨好武则天，宗秦客挖空心思，特地新造了"天""地"等十二个字进献。

武则天得悉宗秦客特为自己造字，满心欢喜，立即召见了他。宗秦客迎合了女皇喜欢标新立异，爱好改字、造字的癖习。她在称帝后，有的臣子经常向她献造新字，而且还说造了新字可以显示国家大治。

宗秦客向武则天进献新造的十二个字中有"曌"一字，武则天非常欣赏"曌"字，就用它作为自己的名字。

【趣味解读】

"曌"字读zhào，一般人很少认识它。这是因为它是我国历史上唯一的女皇帝武则天的专用字。据《集韵》所释，"曌"的意思为

“明”。“曌”字上部为“明”。“明”由“日”和“月”字组成，表示武则天像日月一样，永远熠熠生辉，光照大地。其下为“空”字，“空”指无边无际的天空。“明”和“空”所含的意思是：日月当空，普照大地。可见武则天所造“曌”字，并非只是“明”的意思，其意义较之“照”字更丰富。

苏东坡巧贬方丈

苏东坡被贬岭南期间，外出游山，忽然看见一个小和尚满眼泪水地跪于寺旁。他上前一问，才知那小和尚因不慎打碎了油灯，被老和尚罚跪。东坡心想，出家人应以慈悲为怀，对徒弟怎能如此狠毒呢？于是他进寺里见方丈。

方丈见东坡来访，不禁大喜，想要东坡留个墨迹。东坡提出要那个小和尚替他磨墨舒纸，他才愿意动笔。方丈听了，立即照办。东坡提笔写了一副对联：“一夕化身人归去，千八凡夫一点无。”方丈以为此联是赞誉自己年高德劭，便叫人将此联刻于门上，以此炫耀。

有一天，佛印和尚云游至此，见了此联不禁仰天大笑。寺中的方丈问其故，佛印说：“这是在骂你呢，上联隐‘死’字，下联隐‘秃’字，合为‘死秃’二字。”方丈听后，气得火冒三丈。苏东坡上联的意思是“一”字加“夕”字，再加“七”，即为“死”。古人谓“人死”叫“回老家”，因此叫“归去”。下联是“千”字加“八”字，再加“几”，就是“秃”。

【趣味解读】

从构造上看，死字其左边是“歹（è）”，朽骨。朽骨此处代指死者。右边看上去像是一个人跪倒在死人旁痛哭、祭奠，也就是凭吊死者的意思。由此可知，“死”字是借活人跪在死人旁凭吊的姿态，传达出有人死了的信息。《说文解字》：“死，澌也，人所离也，从歹人。”“澌”就是“尽”的意思，表示人的生命的终结。

由于人死了以后，尸体就僵硬了，不能动了，所以“死”便引申出“死板”“不灵活”的意思。

王安石发明“囍”

人们结婚的时候，为了表示对新人的祝愿和增加喜庆的气氛，都会用红纸写上大大的“囍”字贴在墙上。

相传，囍字是王安石发明的。王安石是北宋时期著名的文学家。他年轻时上京赶考，路过马家镇时，看见马员外家门外的走马灯上写着这样一句上联：“走马灯，灯走马，灯熄马停步。”王安石不禁拍手叫好，却因赶考，没有停留细想下联。

到了京城考完试后，主考官面试考生。轮到王安石时，主考官指着厅前的飞虎旗念道：“飞虎旗，旗飞虎，旗卷虎藏身。”要王安石对出下联。王安石脑子灵光一闪，“走马灯，灯走马，灯熄马停步”脱口而出。主考官听后连声赞好。

赶考回来，王安石又经过马员外家，便用主考官出的上联来对马员外出的对联。马员外闻听大喜，当即将女儿许配给王安石，原来那走马灯上的对联是马员外女儿的选婚联。王安石新婚大喜之日，正巧也传来金榜题名的好消息。喜上加喜，王安石提笔就在纸上写下“囍”字。从此，王安石捡来两联，上应主考，下获娇妻，传为美谈。

【趣味解读】

“喜”在甲骨文中上半部分像一把“鼓”，下半部分是“口”，整个字像笑得合不上嘴的人以击鼓的方式表达心中的喜悦。“喜”的本义是高兴、快乐。又可以引申为喜爱、喜欢。“喜”字还与人们的生活息息相关，常指喜庆的事。人们还常把一些美好吉祥的愿望寄托在某些事物上，例如“喜鹊报喜”。

秦观猜谜

传说苏东坡有一个妹妹，嫁给了当时的大词人秦观，人称苏小妹。苏小妹很有才华。一天，苏小妹对丈夫秦观说：“我作了一则字谜，看你能不能猜出。我的谜面是：两百齐相投，四山环一周，两王住一国，一口吞四口。”秦观想了很久也没能猜出，只好跑到苏家，向苏东坡求教。秦观来到苏家，东坡正好在用饭。秦观说明来由及字谜，东坡不禁大笑，过后，他也没有说出苏小妹的谜底，而是叫厨子烧一盘西湖醋鱼端上来。席间，苏东坡动手将鱼的头和尾去掉，留下中段，然后指着鱼身说：“这就是谜底！”秦观恍然大悟。原来，“鱼”字去“头”去“尾”即为“田”字。

秦观连忙道谢，急奔家中将谜底说出。

【趣味解读】

“田”，象形字。“田”字外面的大方框，即“囗”，表示田地周围的道路或田界，它标明这块土地的范围。“田”的本义是种庄稼的土地，即农田。《说文解字》：“田，陈也。树谷曰田。象形。囗十，千百（阡陌）之制也。”所谓“树谷曰田”，即“田”是种庄稼的土地，讲的是“田”的本义。所谓“陈”，段玉裁认为“陈列之整齐谓之田”。因为“田”中纵横交错的小沟及一块块的土地排列整齐，所以“田”字便引申出“陈列”“整齐”的意思。

珍妃巧拆“明”字

清代末年的光绪皇帝其实是个傀儡皇帝，真正执掌大权的是慈禧太后。慈禧为了手握权力，常派一些太监、宫女去监视光绪皇帝。

一个月明星稀的夜晚，光绪皇帝避开慈禧的耳目与珍妃在树林里幽会，两人坐在一起，说了很多离别愁绪的话。说到动情的时候，光绪便口中吟道：

二人土上坐。

珍妃听了大吃一惊，心中无限感激，但又很不安，因为虽然句中光绪用了拆字法，将“坐”字分成“二人土”，意思是说，他要珍妃与自己平起平坐。珍妃心想，自己是一个妃子，是臣下，怎能与皇帝并肩同坐呢？于是，思索了一会儿，便答道：

一月日边明。

光绪听了，十分赞赏珍妃的聪明和谦恭。珍妃也巧用了拆字法，将“明”字分成日月，把皇帝比作太阳，自己比作月亮，表示了自己是借太阳（光绪）的光芒来照亮自己，很切合君臣之间的礼教，因此博得了光绪的赞赏。

【趣味解读】

“明”字从“日”、从“月”，它反映的是一种日月辉映的天象。《易·系辞下》中记录了这样一种自然现象：“日往则月来，月往则日来，日月相推而明生焉。”可见“明”的本义就是“明亮”“光明”。古人正是基于这一自然现象来造“明”字的。“明”由光明、明亮引申为“明白”“明确”“清楚”等含义。

鲁迅造“猹”字

早在20世纪30年代，苏联有位翻译家，准备将鲁迅的《故乡》译成俄文，不料意外地发生了困难。原文中有一段写着：

“有一个十一二岁的少年，项带银圈，手捏一柄钢叉，向一匹猹尽力地刺去，那猹却将身一扭，反从他的胯下逃走了。”

这个“猹”是一种什么动物呢？他查阅了不少有关动物学的书籍，终无着落。对于猹，不仅外国人陌生，我国也有许多人不知道，连怪字最多的《康熙字典》上也没有。

天无绝人之路，幸好当时鲁迅先生还健在。苏联翻译家辗转问到鲁迅，不久便得到了答复。这个猹字，原来是鲁迅先生创造的，因而过去的字典上查不到；猹与查音相同，大概是“獾”一类的动物。

后来有人向小说中闰土原型的孙子进行调查，证明猹确实是一种獾猪。因为猹喜爱吃瓜，为了预防它侵犯瓜田，所以农民必须守夜看瓜，方可确保丰收。

【趣味解读】

猹似獾，又非獾，往日字典皆无记载，为适应需要，解决有物无名的矛盾，于是鲁迅依“形声法”创造了“猹”字，并得到了人们的认可，被正式收入了字典。

穷人为仁主

从前有个穷人姓仁名王。地方官认为这仁王的谐音是“人王”，犯了大忌，便将此事禀报给皇帝。皇帝心想：“朕乃人王，竟然有人也敢叫‘人王’，真是胆大包天。”于是命令地方官将这个穷人押送到京城。

皇帝经过审问，问明缘由，知道这个穷人没有那么大的胆量，并非故意犯讳，便也没有降罪，皇帝对那穷人说：“朕觉得你的名字不妥，就赐你在‘王’字上加一点，你以后就叫仁玉吧。”那人谢恩以后，回家却改成“仁主”。又被地方官报告给了皇帝。

皇帝第二次将这个穷人抓来，龙颜大怒道：“大胆，朕让你改名，你竟然违旨抗命。朕乃人主，你也想当人主吗？真是罪该万死。”

穷人面无惧色，从容答道：“皇上息怒。皇上是人主，草民是皇上的臣民，皇上赐给草民一点，草民应该顶在头上，顶礼膜拜，岂能别在腰里呢？”

皇帝一听，顿时转怒为喜，放了这个穷人。

【趣味解读】

穷人以对皇帝的尊崇为由，满足了皇帝的虚荣心，不但使自己躲避了灾祸，而且还保住了自己喜欢的名字。同一个“王”字，由于“点”的位置不同便变成了“主”“玉”，这也体现了汉字笔画独特的灵活性和创造性。

第六章　汉字的炼字之妙

白姑千面

相传明代四川才子杨慎被谪贬云南时，一次到建水县双龙桥游玩。他见到桥畔开满了攀枝花，鲜艳耀眼，洗马潭中白莲花也正怒放，令人赏心悦目。正在这时，风起雨来，杨慎只好到附近的草棚暂且避雨。阵雨过后，他从草棚出来，被眼前的景色所惊艳：雨后的桥畔，攀枝花更艳；洗马潭中，白莲花也朵朵含露，娇嫩欲滴。这时，他忽然听见有人吟了一句"双龙桥红灯万盏风吹不熄"，杨慎心想，此人把满枝繁花比作"红灯万盏"倒也恰当，又加上一个"风吹不熄"则更加逼真，真是才子风范。他也想露一手，跟那人比试一下，他看了一眼洗马潭中盛开的莲花，便吟道："洗马潭白莲千朵雨洒更鲜。"吟完后得意地看看那人，不想那人并不惊叹，反而对他说："你不觉得这句子太实了吗？"杨慎怔住了。惊醒过来，他忙向那人请教，那人不紧不慢地说："把'白莲'改为'白姑'，'千朵'改成'千面'，'鲜'改成'艳'。"的确，那盛开的白莲花不正像姑娘白嫩的脸庞吗？用"白姑"代替"白莲"，不但形象生动，而且和上联对起来也更加贴切、和谐。而原来的实写就不具有这种美感。

【妙趣横生】

李渔改诗

李渔是清代戏剧家、文学家，一个雨天他去家乡兰江边上的兰荫寺游览，正好遇上两个文人在乘兴吟诗。一个吟道："风吹江水千层浪。"另一个顺口吟道："雨打山坡万点疤。"吟罢相互吹捧，很是得意。

李渔见状，微笑道："兰江不是大海，何来'千层浪'呢？再说'雨打山坡万点疤'，这个'万点'也欠妥当，倒不如把'千层'改为'层层'，"万点"改为'点点'更为贴切！"两个文人高兴地反复吟着"风吹江水层层浪，雨打山坡点点疤"，连称"改得好"！

梅兰芳改台词

一次，梅兰芳率领京剧团到汉口演出。在《女起解》一场戏中，梅兰芳扮演的苏三有一段“反二黄”唱段，第一句是“崇老伯他说是冤枉难辩”。观众席上，沙市京剧团艺委会主任郭叔鹏听到这里，觉得这个难辩与整个剧情相悖。于是大胆地向梅兰芳质疑：“梅先生，你看台词里面，哪儿有苏三所唱的‘冤枉难辩’的意思呢？相反，倒是说她的官司可能有出头的希望了。”郭叔鹏认为，将“难辩”两字改为“能”字，就和剧情相吻合。“太好了，改词不改腔，观众也容易接受。”从那以后，《女起解》中这句词便唱为“冤枉能辩”了。

后来，梅兰芳又出演了《宇宙锋》。次日他又向郭叔鹏征求意见。针对剧中赵高之女装疯一事，郭叔鹏问道：

“梅先生，您演的赵女是真疯还是假疯？”

“你看是真的还是假的？”梅兰芳反问道。

“我看赵女应该是装疯，是假疯。装出来的疯相是为了蒙骗她父亲。‘我只得把官人来一声唤，我的夫啊，随儿到红罗帐，倒凤颠鸾。’把父亲当成丈夫，还要拉他入罗帐，这在赵高看来，女儿是真的疯了。但‘随儿到红罗帐’的一个‘儿’字，却露出了破绽。赵女自称是‘儿’，显然她还知道对方是父亲，这是神态清醒的表现。赵高不傻，凭此很容易识破女儿在装疯。”郭叔鹏说道。

梅兰芳一听，非常佩服，虚心向郭叔鹏征询修改意见。

郭叔鹏说道：“只要把‘儿’字改为‘奴’字就行了。‘奴’是古代妇女的自称。”

第二天，梅兰芳就把这句台词改过来了。

【妙趣横生】

郭沫若的一字师

20世纪40年代初，话剧《屈原》在重庆公演，郭沫若也在看戏。台上，婵娟痛斥宋玉：“宋玉，你辜负了先生的教诲，你是没有骨气的文人！”台下听来，总觉得有些不够味。隔天，郭沫若到台后与扮演婵娟的张瑞芳说起自己的感受，商量着做些修改。有个演员在一旁插话说："'你是'不如改成'你这''你这没有骨气的文人'，就够味了。"这一改，果然生色不少。事后，郭沫若特地写了一篇短文附在剧本之后，称这位演员为"一字之师"。

一个"有"字乾坤转

杨乃武与小白菜事件是清代四大冤案之一，曾经震惊了全国上下。鲜为人知的是，当时，诉状中改动一个"有"字影响了整个案件的走向。

杨乃武是余杭人，为人正直，文笔犀利，好打抱不平，得罪了余杭知县刘锡彤、杭州知府陈鲁和其他劣绅恶棍，因而被诬与小白菜通奸，谋妻杀夫，沉冤长达三年之久。

杨乃武之姐杨淑英、杨乃武之续妻詹氏到北京上告都察院时，从运河坐船经过扬州杨乃武世交李耿堂老先生处，李老看了杨乃武在狱中所写的诉状，其中有"江南无青天"一句话，李老认为"无"字用得欠妥，这样触及官场太大，反而于事不利。他主张把"无"字改成"有"字。如此一变，意思完全不一样了，缓和了紧张气氛，对胜诉起到了一定作用。

【趣味解读】

"无"改为"有"，蕴含了极为深刻的寓意，正是这一字之差，才唤起了有良知之人的正义感和责任心，从而打赢了官司，我们佩服改字者的高明之举，同时也不得不叹服汉字的奇妙。

范仲淹的一字师

宋代大散文家范仲淹在浙江做地方官时，在富春山上的钓鱼台上造了一座严子陵的祠堂。祠堂落成后，范仲淹专门写了《严先生祠堂记》一文。记中写道："云山苍苍，江水泱泱，先生之德，山高水长。"文章写好后，将此文送给友人李泰伯看，李泰伯看后赞不绝口，随后对范仲淹说："如果诗中改动一个字，那就更完美了。"范仲淹连忙请教。李泰伯说："诗中写云山江水的话，意境很大，后面用一'德'字来承接，便觉得格局有些小，而且太呆板。把'德'字改成'风'字，你看如何？"范仲淹听了，连声说好，马上就把"德"字改成了"风"字，并且尊称李泰伯为一字之师。

【趣味解读】

一字之改，意境完全不同。用"德"字太直露，用"风"字显得有情趣。而"风"是个多义词，既可以释为"风范""风骨"，也可以释为本义自然的风，用"风"与"云山""江水"相配，就融洽得多。

春风又绿江南岸

一年初春时节，北宋诗人王安石从扬州到了瓜洲渡口，归心似箭，想早日返回到金陵（今江苏省南京市）钟山的家中，他打算先坐船横渡长江，到对岸的京口（今江苏省镇江市）上岸，然后连夜赶路回钟山。

渐近黄昏，马上可以上岸赶路了，诗人不禁往远处眺望着，只见峰峦重叠，伸展到远方，最后被云雾所遮裹。看不到夕阳外的钟山。船一靠岸，王安石第一个跳下船，忽然一阵春风吹来，夹带着一阵使人心醉的花香，天上升起了一轮明月，于是王安石诗兴大发，吟道：

京口瓜洲一水间，钟山只隔数重山。

春风又到江南岸，明月何时照我还？

他反复吟诵着，思考着，总觉得第三句中的"到"字太平庸，也不够贴切。后来改为"过"字，读了几遍，又嫌不好；又改为"入"字——春风又入江南岸，然后又改为"满"字，改了又改，却总是找不到一个妥帖的字眼。忽然，王安石想到在船上望见的绿色的山水，何不用一个"绿"字呢？

王安石豁然开朗，立即把这首诗抄录在自己的稿本上。

与其他字相比，“绿”字把春风吹来，大自然发生的可喜变化生动地描绘出来，使全诗大为生色，这个“绿”字就成为后人所说的“诗眼”。

【妙趣横生】

齐己和尚的一字师

唐朝时，有个法名叫齐己的和尚，住在江陵龙兴寺，他学识渊博，能诗善文，自号衡岳沙门。一日他在赏梅时，作了一首题为《早梅》的咏梅诗：“万木冻欲折，孤根暖独回。前村深雪里，昨夜数枝开……”

作罢他反复吟咏，总觉得不满意，就去请教诗人郑谷。郑谷读罢说：“既为《早梅》，‘昨夜数枝开’这句，不足以点明‘早’字，不如把‘数枝’改为‘一枝’的好。”齐己觉得十分有道理，当即下拜，尊称郑谷为“一字师”。

平地风烟横白鸟

北宋人王平甫曾作过一首题为《甘露寺》的诗，其中有两句写道：

平地风烟飞白鸟，半山云木卷苍藤。

王平甫自己很满意这两句诗，扬扬得意地拿去请苏轼看，苏轼看后说：“好是好，但诗的精神全在‘卷’字上，而‘飞’字与之大不相称。”王平甫听了觉得很对，但思来想去也找不出更好的字来。只好请苏轼替他改一个字。苏轼略一想，便把“飞”字改为“横”字，王平甫十分佩服。“飞”只是一个单纯表动作的动词，“鸟飞”是一般的写法，只能给人一只白鸟从平地的风烟里一飞而过的印象，再无别的含义，显示不出白鸟的精神来。而“横”是形容词，按照一般言语规律，它是用来形容物体与地面平行，如“竹竿横”“扁担横”，而不用来形容动态的事物。

用“横”来写鸟，就写出了鸟在空中飞翔的姿势和神态，把鸟在空中矫健地迎着风烟自由翱翔的画面栩栩如生地展现在人们眼前。并且，改用“横”字，就与下句的“卷”字相称，轻重相宜。

【妙趣横生】

一字小说

美国某大学曾经举办过微型小说征文比赛，结果一篇《第一封情书寄去后》的小说获得最高奖，该小说只有一个字："等……"真令人回味无穷。

添字解围得驴

诸葛恪是三国时吴国人，家住琅琊阳都（今山东省沂南县），是诸葛亮的侄儿。他从小好学，善于随机应变，认识他的人都说他"少有才名"。

有一次，吴国国君孙权宴请宾客，诸葛恪跟随父亲诸葛子瑜去赴宴。

酒宴开始后，孙权饮得高兴，和诸葛子瑜开起玩笑来。因为诸葛子瑜的脸比较长，孙权就叫侍从将一头毛驴牵进宴会厅，并将一张写有"诸葛子瑜"的字条挂在驴嘴上。所有宾客不禁发出一阵哄笑。

坐在父亲身旁的诸葛恪见父亲受辱，握紧拳头，流露出愤怒的神色。他霍地站起来，快步走向安放纸笔的桌前，拿起笔，蘸上墨，在纸条"诸葛子瑜"下面，挥笔加上"之驴"两字。

见此情景，孙权不得不赞赏这位大胆而又善于应变的小孩，于是说："你想出了替父亲解围的好办法，看来这头驴应该属于你父亲了。"

【妙趣横生】

机智的解缙

有一次，皇帝对解缙说："爱卿，人人都说你聪慧敏捷。今天我叫一位大臣说一句真话，一位大臣说一句假话，只准你添加一字，把这两句话串连成另一句假话，可以做到吗？"解缙连称："遵旨！"

一位大臣说："皇帝坐在龙座上。"

另一位大臣说："老鼠捉猫。"

解缙面无难色，随即应道：“皇帝坐在龙座上看老鼠捉猫。”

皇帝不肯就此罢休，还想试探一下，于是改口道：“仍然是那两句话，你再用一个字把它缀连成一句真话。”

解缙略加思忖，对曰：“皇上坐在龙座上讲老鼠捉猫。”

皇帝听后龙颜大悦。

投诗拜谒

晚唐和尚诗人齐己，能诗善文，留下了不少诗作。

一天，齐己来到袁州（今江西宜春），投诗拜谒当时的前辈诗人、曾任都官郎中的郑谷。其中有一首五言律诗写道：

高名喧省闼，雅颂出吾唐。

叠巘供秋望，无云到夕阳。

自封修药院，别下著僧床。

几许中朝事，久离鹓鹭行。

郑谷读了这首诗后，派人传话给齐己说：“郑都官读了你的诗，觉得不错，尤其在推敲锤炼方面下过一番工夫。不过这四十个字当中，有一个字用得还不够贴切，请你考虑一下，改对了之后才接见你。”究竟哪一个字不够贴切呢？那人也没讲，齐己也没问。

齐己反复考虑了三天，终于恍然大悟，于是急忙求见郑谷，见了面就说：“改成‘别扫著僧床’，您看怎样？”郑谷听了连连点头称许，两人谈笑甚欢。的确，一个“扫”字就把僧床久未睡人、灰尘厚积等情况都反映出来了，而“下”字的内涵远没有这样丰富。

【妙趣横生】

一字诗歌

美国一家出版社的刊物曾发表过一首题为《生活》的诗歌。全篇只有一个字：“网。”非常精炼、深刻、形象地揭示了生活中那种错综复杂、千丝万缕的人际关系。

真趣

苏州有个狮子林，峰石峻峭犹如雄狮，曲径通幽，是个游览的好去处。此处有个真趣亭，据说是乾隆当年游览时题名的。乾隆皇帝是个书法高手，但是，题字既要有书法运笔功力，也要有构思巧妙的雅兴文思才行。乾隆当时已经游览了不少雅园名山，身心有些疲乏，竟一时想不出更好的词语，于是挥笔蘸墨写了“真有趣”三个大字。

“真有趣”书法虽漂亮，但词句实在俗气又无韵味。若将“真有趣”镌刻在狮子林名园，不让天下人耻笑吗？周围跟随的官员们心有所虑，可是谁也不敢公开说出来，得罪了皇帝那还了得？

此时，有位状元急中生智，既不冒犯皇帝，又要帮皇帝将题字改得高雅得体。他叩头道：“奴才斗胆，皇上的‘有’字实在好，请圣上赏赐奴才吧！”乾隆一听，马上明白了他的真实意图，立即将“有”字赏赐给他，狮子林的题字变成了“真趣”二字，由大俗变大雅，至今留给游人美妙的遐思。

【妙趣横生】

一字座右铭

鲁迅先生十二岁时，就读于故乡绍兴的“三味书屋”。一次，因为帮母亲做事，上学迟到了，严厉的寿镜吾老师狠狠地责备了他。为了牢记教训，从严要求自己，他用刀在书桌的右下角，方方正正地刻了一个字作为自己的座右铭——“早”。

“红杏尚书”拜见“张三影”

北宋文学家宋祁写过一首传唱一时的《玉楼春》词。其中有“红杏枝头春意闹”句，“闹”字，运用通感手法，打通了视觉和听觉，新鲜活泼，为人喜爱，当时就有人称宋祁为“红杏尚书”。同时代的湖州词人张先，写过一首《天仙子》词，其中有“云破月来花弄影”句，也是传诵极广的名句。

有一天，时任工部尚书的宋祁去拜访任都官郎中的张先，命人通报说：“尚书欲见‘云破月来花弄影’郎中。”张先听说后，急忙跑到大门口迎接客人，问对方说：“您莫非就是大名鼎鼎的‘红杏枝头春意闹’尚书吧？”宋祁也打趣地说：“我正是那个‘闹’尚书！”两人相视而笑，一见如故，在书房里坐定，谈得很投机。

宋祁对张先说：“现在，京城里的人都称呼您为‘张三中’，不知是什么缘故？”

张先说：“我的《行香子》词中有‘心中事，眼中泪，意中人’几句，大概即据此而来。不过，我对这个称号并不满意。”

宋祁问：“为什么不满？那您喜欢什么样的绰号？”

“还不如称呼我为‘张三影’更为贴切。”

宋祁大惑不解：“哪‘三影’？请指教。”

张先扳着指头说：“‘云破月来花弄影’‘娇柔懒起，帘幕卷花影’‘柳径无人，堕絮飞无影’，这些都是我平生的得意之句，其中都有一个‘影’字。因此说，称我为‘张三中’，还不如称为‘张三影’啊！”

从此以后，人们就称张先为“张三影”。

【妙趣横生】

一字回信

一个忌妒心很强的人写了一封信给美国著名作家海明威：“我知道你现在的身价是一字一金，现在附上一美元，请你寄个样品来看看。”海明威收下美元后回信说：“谢！”

病鹤如阁

北宋文学家苏轼创作七言《病鹤诗》时，曾写了一句“三尺长胫瘦躯□”，其中故意缺少一个字，让众人来写。众人拟了许多字，但彼此都不满意。这时，苏轼慢慢地拿出自己的诗稿，原来是个“阁”字。

“三尺长胫瘦躯阁”，众人不禁赞叹：“此字既出，俨然如见病鹤。”“三尺长胫”，是用夸张的语言形容鹤的腿长，但这仅是外表形象，还反映不出它的精神状态。接着，又用“瘦躯”二字与前面的“三尺长胫”相衔接，说明这只鹤不仅腿长，而且身体消瘦。但这些都是一般的局部外在描写。最后用一“阁”字收住，苏轼把这只鹤比喻为一个亭阁，这个“阁”又不是修葺优美的亭阁，而是“瘦躯”，鹤的羽翅四周空空，没有丰满的羽毛和肌肉，是个只有几根柱子撑立着、上面加个茅顶盖的陋阁。这样，就从局部外在描写变为整体内在的肖像描写，刻画出这只鹤的病态，形神兼备，又紧扣了题意。

【妙趣横生】

一字家书

20世纪60年代初期，大作家赵树理收到大儿子赵广元要钱的一封信，信的内容很精炼：“钱！”没想到赵树理的回信不仅快而且同样精炼：“0！”他认为儿子既已自立，就不该再依赖父母，可见赵树理教子的理念。

忍痛改一字

清朝末年，国势渐衰，外国侵略者用鸦片和大炮打开了中国的大门。广东水师提督关天培，支持林则徐焚烟抗英。在英军攻打虎门时，关天培率领官兵血战，终因孤立无援，壮烈牺牲，虎门失守。

消息传来，林则徐十分悲痛。他完全清楚这是朝廷内顽固的投降派造成的悲剧，便奋笔疾书写了一副挽联：

六载固金汤，问何人忽坏长城，孤注空教躬尽瘁；

双忠同坎壈，闻异类亦钦伟节，归魂相送面如生。

林则徐派人送往江苏淮安关府。关天培母亲接到林则徐的挽联，十分感动，也非常重视这副挽联。但因挽联尺寸太小，便请周木斋重抄大幅，准备悬挂起来。

周先生是淮安府第一流的书法家。他读完挽联吃了一惊，待在一旁不落笔，关母看了，小心求教。周木斋小声说：“林大人的挽联，有一字我不敢写，就是‘何人’的‘人’字。”

关母点头称是，那些投降派的人都是皇帝的重臣，谁敢得罪？两人思前想后，忍痛将“人”字改为“时”字。

重抄后，两人同时叹气道：“这是不得已呀！”

【妙趣横生】

一字嫁妆

我国清代著名诗人、书法家何绍基，在得知女儿备办嫁妆后，便特地从京城捎回一只箱子。大喜之日，女儿打开箱子一看，全家愕然。原来箱内空空如也，只是箱底工工整整地写着一个大字——“勤”。小夫妻很快领会了父亲的良苦用心，于是，一字嫁妆便成了治家的座右铭。

“恨”与“幸”

宋朝的张咏当尚书时，有一次邀请溧阳（今江苏省溧阳县）县令萧楚材来吃饭。萧楚材在书房等候时，见张咏书案上有一首刚写好的诗，其中有两句：

独恨太平无一事，江南闲煞老尚书。

是说他恨天下太平，使自己没有一点事儿干。

萧楚材把“恨”字改成了“幸”字，变成：

独幸太平无一事，江南闲煞老尚书。

第二天，张咏拿着诗稿问左右的人：“这诗谁给改的？”

左右的人告诉他，是萧知县改的。张咏说：“他改得有道理。天下太平应该庆幸，何必恼恨呢？”张咏想了想，说：“这萧公是我的‘一字师’呀！”

【妙趣横生】

公刘的一字师

1955年，青年诗人公刘写下抒情诗《五月一日的夜晚》，描绘了新中国第六个“五一”节夜晚天安门前载歌载舞的狂欢情景。诗的第二节原稿是这样的：

整个世界站在阳台上观看，

中国在笑！中国在跳舞，中国在狂欢！

羡慕吧，生活多么好，多么令人爱恋，

为了享受这一夜，

我们战斗了一生！

诗成之后，公刘寄往《人民文学》杂志，发表前，负责编辑工作的诗人吕剑，觉得去掉那个“跳”字，并不影响诗意，而且，文字更加精炼，节奏更加明快，无论从诗的韵律节奏上还是表现力上，都比原稿更胜一筹。公刘后来感激地称吕剑为他的“一字师”！

一方明月可中庭

传说一天晚上，北宋著名诗人黄庭坚借宿庐山上的一座寺庙，同一群和尚一起坐而论诗。这天晚上，月光皎洁，遍洒寺院。黄庭坚诗兴突起，随口念了一句诗：“一方明月可中庭。”有个和尚听了，认为“可”不如“满”字好，当即说：“为什么不说成‘一方明月满中庭’呢？”黄庭坚笑而不答，起身离去。实际上，这句诗出自唐代诗人刘禹锡的《生公讲堂》，此诗的末尾两句是：“高坐寂寥尘漠漠，一方明月可中庭。”究竟是“可”好还是“满”好呢？联系整句诗来看，“一方”的“方”指方块形状，月光从窗口照射进屋里，因受窗框的限制，成为方形，用“方”字，既准确又生动。“满”是遍洒之意，虽然它描绘出月亮的光辉，但与前一“方”字不相照应。受窗框限制，照进中庭的月亮既然只是“一方”，怎么可能遍洒呢？而“可”，是正、当之意，形容一方明月照进中庭的范围恰如其分，创造了朦朦胧胧、如诗似画的意境。

【妙趣横生】

一字判词

清代时，一寡妇想改嫁他人，受到邻居和家人的百般阻挠。于是，她向官府呈上了状纸：“豆蔻年华，失偶孀寡，翁尚壮，叔已大，正瓜田李下，当嫁不嫁？”寥寥数语，尽述了改嫁理由。知县接状，拍案叫绝，挥笔写下一字判词：“嫁！”

第七章　字谜的艺术

武则天巧解“青鹅”意

唐朝女皇武则天当朝，对汉字十分有研究。徐敬业在扬州起兵谋反时，让骆宾王设法拉拢中书令裴炎做内应。骆宾王便编了一首童谣“一片火，两片火，绯衣小儿殿上坐”，教京都和裴炎家乡的孩子们传唱。

等到这首童谣传到裴炎耳中，骆宾王特地向裴炎解释说：“绯衣合起来是个‘裴’字，两片火是‘炎’字，殿下坐是南面称王。这就是说你裴炎要南面称王了。”两人谈得投机，最后裴炎就答应了做内应。

为了机密起见，裴炎给徐敬业写了一封密信。但是这封信被武则天的人查获了。他们打开一看，上面只有两个字“青鹅”，朝中的官员们都不明白是什么意思，便呈给武则天看。武则天一看，便解释说：“青者，十二月，鹅字乃‘我自与’三字组成，这就是相约在十二月起兵，裴炎自会在朝中做内应的意思。”

于是武则天杀了裴炎，并派兵追击徐敬业。徐敬业的副将杀掉徐敬业，降顺了武则天。

【趣味解读】

这是一个拆字谜，即通过汉字笔画的增减离合移来做文章。例如汉末有首民谣“千里草，何青青，十日卜，不得生”，言汉献帝时奸相董卓僭位，不得善终。其中“千里草”“十日卜”分别是“董”“卓”的拆字。

纪晓岚题字骂和珅

清乾隆年间，乾隆的亲信和珅在府内建了一座亭子，请大才子纪晓岚给他题一匾额。纪晓岚并不推辞，提笔写了“竹苞”两个大字，和珅一看，这“竹苞”二字与凉亭两侧的绿竹正好相互映衬，非常喜欢，就叫人将两字刻成匾挂在亭子上。

一天，乾隆来到这座亭子前，当他抬头看到这块匾额后，不禁哈哈大笑。和珅大为不解，忙问笑为何故。乾隆说：“你没看出来吗？纪晓岚在耍你呢，这‘竹苞’二字拆开，不就是‘个个草包’吗？”

和珅听了不禁又羞又恨，又不好发作。

【妙趣横生】

体检结果在哪里

应征入伍青年昨天经过体检，今天纷纷到检兵站询问体检是否合格。检兵站里的负责人见大家心情很急，笑嘻嘻地拿着粉笔，在门边黑板上写了“答体检青年”一句，却没下文，大家看后莫名其妙。其中一位青年说：“我们都合格了，回去吧！”大家猜猜，这位青年为什么知道大家都合格了呢？

原来，“答”是“个个合”的合体字。

猜谜破案

从前，商人张三带了一百两银子搭李四的船去外地贩货，不料半夜却发现银两不翼而飞。由于船未曾靠过岸，张三心想这一定是李四所偷，但李四死不承认。天一亮，张三就扯住李四吵吵嚷嚷地上岸打官司。

县官早就听闻李四有偷盗的前科，再听了张三申诉，心中已有打算。但捉贼须捉赃，李四抵死不认，而县官即派差役上船搜赃，竟然也一无所获。

正在犯难之际，忽有一位秀才模样的人上堂呈献一幅国画，请那个县官指正。这个时候送画干什么？其中必有蹊跷。县官这样想。那个县官忙打开画细看起来，只见画上除了一株被大风刮得摇摇欲倒的树外，别无他物。那个县官继而一想，脸上露出了微笑。原来，此画是助他破案呢。因为画的含义是危木，合为“桅”字，暗示赃物藏在桅杆顶上。在画的指引下，县官很快查出赃物，李四哑口无言，乖乖地服罪了。

【妙趣横生】

唐伯虎卖画

传说，唐伯虎有一张画要出卖，画上是一条长着黑毛的狗。画旁有文字说明：“此画是谜语画，打一字。买者付银三十两，猜中者分文不取。”这种售卖方式吸引了众多文人墨客，但无人猜中。一天，一位秀才上前取画便走。唐伯虎忙问：“买画吗？”秀才摇头。“你猜中谜底了吗？”秀才点头。“请你把谜底说出来。”秀才不语。唐伯虎说：“你猜中了。”原来，谜底是“默”字。

为何送顶白纱帽

朱棣是明太祖朱元璋的第四子，被封为燕王。朱元璋死后，其长孙朱允炆即位，朱棣觊觎皇位已久，蓄谋篡位。当时有个跟朱棣关系密切的和尚，法号道衍，看出了朱棣的心思，有意协助朱棣，却又不便直说，为了暗示他的心意，便给朱棣送去一顶白纱帽。朱棣接到白纱帽后，思索良久，恍然大悟。

原来，道衍是用实物谜的手法来表达自己的意愿，因为朱棣是燕王，在“王”的头上戴一顶“白”帽，不就是个“皇”字吗？果然，朱棣在道衍的辅助下，最终取得了皇位，成为明朝的第三个皇帝。

【妙趣横生】

书童取物

据说，苏轼与佛印和尚关系非常好。一天，他让书童戴上草帽，穿着木鞋，到佛印那里取一样东西。书童问取什么东西，苏轼说：“和尚一见到你就知道了。”果然，佛印一见书童的打扮，立即就明白了苏轼要取的是什么，于是将苏轼所需要的东西交给了书童。书童一看，原来苏轼让他取的是“茶”。

徐霞客问路

明朝时期，徐霞客为了撰写《徐霞客游记》，走遍大江南北，历尽千辛万苦。一天，他翻过一座山后，来到一处岔路口，见眼前有左、中、右三条路，不知该往哪条路上走。

正在为难之际，迎面走来一个童子，徐霞客忙走上前问路，童子朝他看了一眼，没吱声，随手在地上写了一个“主”字，转身就离开了。徐霞客略一思索，恍然大悟。于是，他按照童子的提示，沿着左边那条路走去。

原来，“往”字去掉左边即成“主”字，因此书童写“主”的意思是往左边走。

【妙趣横生】

去县城怎么走

夫妻二人去县城。来到一个岔路口前，他们不知道该朝哪个方向走。丈夫去问路边的老人：“大爷，去县城怎么走？”老人说：“要女的走开。”丈夫让妻子离得远一点，然后说道：“大爷，去县城怎么走？”老大爷还是那句话：“要女的走开。”丈夫说：“我妻子已经走开了。”老大爷笑了笑说：“我已经告诉你了。”丈夫先是一愣，再一琢磨，明白了老大爷的用意。二人按照老人所指的方向又继续赶路了。

原来，“要”字去掉“女”，即为“西”，因此老人的意思是让他们往西走。

姓氏趣谜

两个书生赴京赶考，在旅店相遇，互问姓氏。

甲说：

左边加一是一千，右边减一是一千。

不加不减再计算，其中总共有一千。

乙说：

左看不出头，右看不出头。

左右一齐看，两个不出头。

正巧旁边有位教书先生，听了两位报姓的方式很感兴趣，便也来凑热闹。他先向两位书生道一声：“任、林二君可好？”二人不觉一惊，一看过来的这位老者并不相识，便问：“老人家，咱们素不相识，何以能知道我们二人的姓？”老人笑着说：“刚才你们二位不是互通尊姓了吗？”他们又问老人贵姓，老人却吟出一阕《忆江南》来：遥望处，牛女正双栖。天上人间相与共，银河杳渺水迷离，新月落西垂。

两位书生猜了半天也没猜出来。忽听店家女儿来到桌前喊了一声：“滕老先生，饭已备齐，请用餐。”二人恍然大悟，他们不禁佩服这位店家女儿的聪明，也称赞这个字谜比他们的谜语更高明且更有文采。

【妙趣横生】

聪明的老板娘

从前，在某十字路口，有一家酒馆。一天，一个货郎来这里歇脚饮酒。他把油挑子往墙边一靠便坐了下来，酒馆的老板娘上前问道：“客官贵姓啊？”

货郎听了，顺手指了指靠在土墙上的扁担说：“我就姓这。”

老板娘一看，便说：“噢，原来是杜大哥，请您用茶！”

货郎一听，这老板娘倒挺有见识的，便也问道：“老板娘您贵姓？”

老板娘笑了笑说：“免贵，我姓的是‘十字路口，嫦娥站在一边瞅’。”

货郎斟了一杯酒说：“胡大嫂，谢谢您的关照了！”说完，两人哈哈大笑。

巧作谜联讽贪官

清朝同治年间，有个贪官叫柳儒卿。此人欺上瞒下，横行不法，人们背地里叫他“柳剥皮”。

这一年，县里大制灯谜，有人专门制作了一副谜联，带来送给柳儒卿。那副谜联是这样写的：

本非正人，装作雷公模样，却少三分面目；

掼开私卯，会打银子主意，绝无一点良心。

各打一字。

柳剥皮不知其中奥妙，说：“很好，很好。”叫人贴了出去。人们很快猜出谜底，个个捧腹大笑，齐声称赞：“这个谜作得好！”

原来“非正人”是“亻”，“装作雷公模样，却少三分面目”是“需”（需与雷相近，“面”少三横为“而”），上联合而为“儒”字。

“掼开私卯”，即将“卯”分在两边，“会打银子主意，绝无一点良心”为“艮”，下联合而为“卿”字。这样，上下联所猜字为“儒卿”。这副谜联借对“儒卿”二字的拆析与描画，贬斥“儒卿”的阴险歹毒，字字句句鞭辟入里。

【妙趣横生】

纪晓岚调侃乾隆

相传，一日纪晓岚与乾隆谈及谜语，乾隆伸出一只脚，说：“人言爱卿聪慧过人，朕以此出一个谜，打一字，你能猜得出吗？”纪晓岚正色道：“微臣已猜到，不过要请万岁恕我无罪。”乾隆允诺，纪晓岚说：“是个‘蹄’字。”乾隆大怒，纪晓岚解释道：“脚者，足也。万岁，皇帝也。蹄字是由足、帝二字组合而成的。故唯有万岁爷的脚，才堪称帝足矣。”

乾隆皇帝听他说得有道理，只好不予追究。

文必正吟诗献“福”

文必正是明朝洛阳有名的才子。由于爱慕霍天官霍荣之女霍小姐，文必正假意卖身投靠到霍府，伺机会见霍小姐。

有一天，文必正有意在天官面前显露自己的才华。他对霍荣道："大人，您这厅堂陈设华丽，阔绰无比，但依小人看，似乎美中不足，还缺少一物。"霍荣听后问道："你说老夫这厅堂上还缺少何物？"文必正答道："大人，您这堂前如能再添上这个字，那就既能突出您高贵的身份，又能起到烘云托月的气氛。"

"噢？此字如此重要，你且快快说来。"

"恕小人斗胆，我吟诗一首，此字暗隐其中，有谬误之处，望大人指正。"

"你且吟来。"

于是，文必正声音朗朗地吟道：

初下江南去点刀，

大好江山无人保。

中原危难无心坐，

思念君王把心操。

天官听罢，连声称赞："好字，好字。"说完，就请文必正书写，并挂在厅堂的正中央。

原来文必正诗中说的是个"福"字。

【趣味解读】

"初"字去一点，去"刀"，得个"福"字的左半；"大"字去"人"，得"一"；"中"字"无心坐"，即是去了"中"字中心的一竖，得个"口"字；"思"字去了"心"，得个"田"字。"一""口""田"合成一个"福"字。

秦观巧求婚

相传苏东坡有个妹妹叫苏小妹，她才貌双全，智慧过人，向她求婚的人络绎不绝。

这年九九重阳，秋高气爽。苏东坡邀秦观来到秋香亭饮酒赏菊。席间，苏学士笑问："贤弟风姿俊逸，才辩无双，何以迟迟不择婚配？"

秦观应曰："吾非草木，岂然无情，小弟久慕一位窈窕淑女，只是难于启齿。”

苏东坡爽朗一笑：“这有何难！说出来包在愚兄身上！”

秦观沉吟了片刻，笑云：“待小弟制个字谜请仁兄一猜。”说罢即赋一词：“园中花，化为灰，夕阳一点已西坠。相思泪，心已碎，空听马蹄归，秋日残红萤火飞。”

苏东坡一听，恍然大悟，哈哈大笑：“我明白了，明白了。原来你的意中人是我的妹妹。”于是引线穿针，巧妙撮合，秦观、苏小妹终成就金玉良缘。

【趣味解读】

“园中花，化为灰”，空余草；“夕阳一点已西坠。相思泪，心已碎，空听马蹄归”，“夕”坠去一点，“思”字碎去“心”字，“马”（馬）字的底部（足、蹄部位）为“灬”，合为“鱼”（魚）字；“秋日残红萤火飞”，萤火飞则天已晚，故秋日残红去“火”去“日残红”余“禾”。这样，“草”字头与“鱼”（魚）字、“禾”字拼合为“苏”（蘇）字。

骆宾王写请帖

相传，“初唐四杰”之一的骆宾王从小就聪颖过人，七岁时就以《咏鹅》诗闻名遐迩，博得江南神童的美誉。一次，骆宾王过生日，到了开宴的时间，客人们陆续入座。唯独一位平日相处最要好的朋友没有到，骆宾王便又派书童给这位朋友送去一张写有四句话的请帖：

自西走到东边停，
蛾眉月上挂三星；
三人同骑无角牛，
口上三划一点青。

那位朋友看完请帖，深受感动，连忙放下手中正在整理的书稿，赶到骆宾王家赴宴。有位客人说：“听说你在家整理书稿，我们以为你真的不能来了呢。”这位朋友说：“骆兄‘一心奉请’，我就是再忙也不能不来啊！”

众客人都开心地大笑，生日宴席格外热闹。

【趣味解读】

骆宾王的请帖是一个谜语，每句打一字。首句谜底为“一”，看看写“一”字时笔的走势即知；第二句是根据“心”字的形态进行奇思妙想；第三句的“三”“人牛”去掉笔画一撇成“奉”字；第四句中“请”的繁体字的写法就是“請”。

绝妙好辞

相传，东汉时期上虞有一姑娘名叫曹娥，因父亲淹死在江中未打捞出尸体，心中十分悲痛，便投江自尽。上虞官府上奏朝廷表彰曹娥为孝女，并为她立了一块石碑，名叫“曹娥碑”，请才子邯郸淳写作碑文。

据说邯郸淳文章写得特别好，大文学家蔡邕听说了这件事前往观看，赶到时天已经黑了，便用手摸着碑文读，读完之后在碑的后面写了八字批语：黄绢，幼妇，外孙，齑（jī）臼。

有一次，曹操从碑旁经过，看到了蔡邕的题字，一时不解其意，便问随行人员有谁理解。主簿杨修回答说：“我理解。”

曹操说：“你先别说出来，让我再想一想。”向前又走了三十里，曹操和杨修分别写下了答案。

杨修说：“黄绢，是带颜色的丝，色丝合一‘绝’字；幼妇，是年少的女子，少女合一‘妙’字；外孙，是女儿之子，女子合一‘好’字；齑臼是接受辛辣之物的器具，受辛合一‘辞（辤）’字。总合起来是‘绝妙好辞’四个字，是赞美碑文写得好。”

曹操的答案和杨修一样，他对杨修感叹道：“我的才力和你相距三十里。”

【趣味解读】

上文所讲的制谜方法由拆字复合，化形衍义而成，以后，凡是按照这种规则所制的谜语，均被称为“曹娥格”。

夫妻家书显真情

有一对夫妇，平日相处十分融洽，情投意合。一次，夫妇二人因琐事吵架，丈夫一气之下外出经商。一年过去了，丈夫在外风餐露宿，非常思念妻子。

有一天，妻子接到丈夫托人带回来的一封家书，心中十分高兴，拆开一看，是四句诗谜：

二人力大顶破天，十女耕田缺一边，

我要赶羊羊骑我，千里连土土连田。

妻子捧着信细细琢磨了一番，猜到了这四句话所打的四个字：原来丈夫对自己说的是“夫妇義重”（“義”为“义”的繁体字）。她被丈夫的表白感动，思念之情不可抑止，提笔给丈夫回了一封信，也是一首诗谜：

只因心相连，受下交朋友，

芳心青春在，探源水漫手。

丈夫接到信一看，万分感慨：好一个“恩爱情深”啊！有妻如此，夫复何求？当即收拾行装踏上归家之途，夫妇二人就此和好。

【妙趣横生】

诗问诗答

一天，某秀才有事到朋友家去。一进门，他就彬彬有礼地念了一首字谜诗：

寺庙门前一头牛，二人抬个哑木头，

未曾进门先开口，闺房女子紧盖头。

朋友稍一思忖，领悟了秀才的意思，也用字谜诗作答：

言对青山不是青，二人土上在谈心，

三人骑头无角牛，草木丛中站一人。

原来，秀才字谜诗的谜底是“特来问安”，朋友字谜诗的谜底是“请坐奉茶”。

喜寿、米寿、白寿

古人对高寿的人常给予美称，如称七十岁为“古稀”，八十、九十岁为“耄耋”，百岁为“期颐”，如果未到整数，只有七十七岁、八十八岁、九十九岁，该如何称呼呢？

1978年年初，郭沫若先生在北京医院住院期间，曾和数学家华罗庚有过一次关于讨论寿称的谈话。

有人把七十七岁称为“喜寿”，八十八岁称为“米寿”，九十九岁称为“白寿”。

郭沫若说：“解决这个问题，就要求助于数学和文字学了。”

郭沫若进一步解释道：“这是三则字谜，‘喜寿’可猜七十七岁，因为‘喜’的草体字，便是七十七三个字组成；‘米寿’可猜八十八岁，因为‘米’字，便是八十八三个字组成；‘白寿’可猜九十九岁，因为‘白’字是百里缺一。”

郭沫若解完寿谜，华罗庚说：“言之成理！”于是两人哈哈大笑。

【妙趣横生】

顽童巧答铁拐李

相传，八仙之一铁拐李在游山的路上遇到一个小孩，就问道：“小小顽童，你姓什么，今年几岁？”

顽童望了铁拐李一眼，调皮地说：“我的姓，正好是我的岁数；我的岁数，正好是我的姓。”

后来，铁拐李将此事告知吕洞宾，吕洞宾稍加琢磨，捧腹大笑道：“这个顽童可真聪明！今后定当收他为徒才是。”

铁拐李急忙追问道：“你知道这顽童姓什么，现有几岁吗？”

吕洞宾很有把握地说：“这孩童姓王，今年十一岁。”

后来，铁拐李专程去找了那个小孩，经再三询问，果然如吕洞宾所料。原来小孩将姓氏“王”拆离为“一、十、一”三字；这三字组合起来，又是一个“王”字，顺念则为一十一岁。

第八章　错别字故事与汉字忌讳

一个别字丢状元

宋仁宗至和年间，四川成都府书生赵旭，写得一手好文章。有一次京城科举选考，他赶忙进京赴考。

考试完毕，他自认为考得不错，得中必有希望。

不多久，宋仁宗早朝上殿，询问考试情况。试官就将前三名文卷呈到御前，宋仁宗亲自御览。看了第一卷对试官说：此卷答得极好，可惜卷中有一个错字。试官就问：何字写错？仁宗笑指说：乃是一个“唯”字，原来的“口”旁写错成“厶”旁。试官即拜奏说：此二字可通用。仁宗速命此卷考生赵旭觐见。

赵旭叩拜皇上，面奏试卷上没有差错。仁宗对赵旭说：卷内确有错字。“唯”本“口”旁，卿如何写作“厶”旁？赵旭回奏：此字皆可通用。仁宗不悦，就在御案上取下文房四宝写下四个字给赵旭说：卿家看看，吴矣、吕台，卿言通用与朕诉来！赵旭看了半晌无言以对。仁宗说：卿可暂退读书。即将到手的状元桂冠就此落地。

【妙趣横生】

汉字的对话

“自”对“日”说：你单位裁员了？

“土”对“丑”说：别以为披肩就好看，其实骨子里还是老土。

“晶”对“品”说：你家难道没装修？

“个”对“人”说：不比你们年轻人，没根手杖几乎是寸步难行。

“且”对“但”说：胆小了，还请了保镖？

“茜”对“晒”说：出太阳了，咋不戴顶草帽？

“办”对“为”说：平衡才是硬道理。

"吕"对"昌"说：和你相比，我家徒四壁。

"占"对"点"说：买小轿车了？

"叉"对"又"说：啥时候整的容啊？脸上那颗痣呢？

县官审"亲爹"

有一个县官，胸无点墨，官是花钱捐来的。有一天坐堂问案，文书呈上名单，上写原告、被告及见证等三人。原告叫郁工来，被告叫齐卞丢，见证叫新釜。

县官叫郁工来，错呼成"都上来"，三人便一齐上前。县官发怒道："本官只叫原告一人，为什么全都上堂来？"文书在旁，不便直接指明他的错处，机灵地说道："原告名字另有一种念法，叫作郁工来，不叫都上来。"

县官又叫被告齐卞丢，误说成"齐下去"，三人只好一齐退下。县官又大发雷霆："本县叫被告一人，怎么又全都下去了？"文书又上前解释说："被告名字也另有念法，叫作齐卞丢。"

县官不耐烦地说："证人的名字，你说该念作什么？"文书答道："叫新釜。"县官转怒为喜，自作聪明地说："我想必有新的念法，不然，我要叫他'亲爹'了。"

【知识链接】

生活中有不少常见的别字，在这里列举给大家，应注意甄别（括号中的是正字）：

1. 甘败（拜）下风	2. 自抱（暴）自弃
3. 针贬（砭）	4. 泊（舶）来品
5. 松驰（弛）	6. 精萃（粹）
7. 渡（度）假村	8. 悬梁刺骨（股）
9. 凑和（合）	10. 迫不急（及）待
11. 既（即）使	12. 一如继（既）往
13. 挖墙角（脚）	14. 烩（脍）炙人口
15. 鼎立（力）相助	16. 罗（啰）嗦

17. 沤（呕）心沥血　　　　18. 声名雀（鹊）起

19. 谈笑风声（生）　　　　20. 床第（笫）之私

21. 做（坐）月子　　　　　22. 出奇（其）不意

“季达”的两把大“爹”

有一个学生爱看《水浒传》，但识字不多，经常读错字闹出笑话。

一次，他的一个朋友来拜访他，见他正看《水浒传》，便随口问道：“老兄正在读什么书？”“《水许传》。”那个学生一本正经地回答。朋友听了，知道他又读了错字，故意接着说：“古今著作，可谓汗牛充栋。但是，《水许传》一书从来没有听说过。不知书中描写的都是一些什么人物？”

“书中有个人物‘季达’（即李逵）。”学生又一本正经地说。

朋友听了，更假装不明白，接着又问道：“更奇了，古人名字中从没有听过有叫季达的。请问这个季达是何许人也？”

学生又指手画脚地说：“此人手使两把大爹（斧），有万夫不当之男（勇）。”

【趣味解读】

从古至今，把“水浒”误读为“水许”的大有人在。“浒”为形声字，从水，许声。本义为水边，指离水稍远的岸上平地。“浒”当地名时也读作xǔ声，例如江西省有个“浒（xǔ）湾”，相传这是因为乾隆皇帝南巡过浒湾时将浒（hǔ）湾读作浒（xǔ）湾，于是当地的老百姓也纷纷改口，字典里的“浒”也成为多音字。

一点万金

新疆乌鲁木齐市有一家挂面厂。原来这个厂生产的挂面深受广大消费者欢迎，厂家为了求得更高的销售额，决定改进产品的包装。于是厂里筹集了一笔资金，购买了大量的优质包装袋，又拿出十六万元的印刷费，专请日本一个大型印刷厂印制商标。谁知设计人员一时粗心，把“乌鲁木齐”的“乌”字多写一点。由于这一点之差，自治区的首府竟成了“鸟鲁木齐”！由于这一点之差，优质包装袋、设计费都白白地浪费了。

【妙趣横生】

苏东坡写批语

一天，一个自命不凡的读书人白文秀东拼西凑写成一篇文章，甚为得意，便送给苏东坡过目，说道：“此乃拙作，望老师批点。”苏东坡接过文章，只见标题是《读过泰论》，半日不解，良久才悟，便大笑道：“当年秦朝发了大水，淹了庄稼，难怪，难怪！”（意为“秦”字下的“禾”被水淹掉，成了“泰”字。）接着，苏东坡再看文章，文理不通，错别字连篇，大倒胃口。苏东坡不好说什么，一言不发交还给他，白文秀心想，好歹也要请他点评几句，就央求说：“老师，当今天下识才者少，忌才者多，一篇好文章没有名人推荐，就好比一张废纸，请老师多美言几句。”

苏东坡无奈之下挥笔在文稿上批了九个字：此文有高山滚鼓之妙！

白文秀喜不自胜，连连说道：“劳骂，劳骂！”可笑他把“劳驾”读成了“劳骂”。白文秀拿着苏东坡的批字到处吹嘘。一个秀才对他说：“这是苏东坡在给你出谜呢！”白文秀呆住了，问道：“出了什么谜？”秀才告诉他说：“你想一想，高山上滚鼓是什么声音，扑通！扑通——不通！”

孝子翻跟斗

旧时，有个忠厚的庄稼汉，姓潘名银斗，娶妻乜氏，夫妻俩对父亲十分孝顺。父亲死后，为表孝心，专门去庙堂做斋，以超度父亲亡灵。

做斋的僧人识字不多，诵读孝子名单时，硬着头皮，随心所欲地念道：

“孝男——翻跟斗——”

潘银斗听说要他翻跟斗，先是一怔，继而想道：“必是亡父在阴曹地府遭受磨难，叫我翻跟斗为他赎罪。”于是在灵前地面横一个竖一个地翻起跟斗来，直累得浑身是汗，两腿发软。

僧人不知何故，但因斋事不可中断，也不去管他，于是继续念道：

“孝媳——乜氏——”

潘银斗听到“也是”二字，一时手忙脚乱，赶紧向僧人叩头哀求：“高僧，我老婆怀有身孕，不能翻跟斗呀，实在要翻，就让我替她吧！”说完，又翻滚在地。

僧人糊里糊涂，唯恐如此下去，场面更难收拾，于是便顺势挥动着手说：“你们回去吧，好好祭奠亡灵，跟斗就免了！”

【知识链接】

“乜”字跟“也”仅一笔之差，但读音迥异，当姓讲时读作niè。乜姓有三种来源：其一，出自姬姓，以地为氏。春秋时卫国大夫食采于乜城，以地名为姓。其二，出自番姓，蒙古族后代。据史书记载，明代蒙古族瓦剌部首领叫作也先，他于明正统十四年（1449）时攻打明朝，失败后与朱明王朝和好，他的后人有的进入中原，定居于山东境内。也先的子孙与汉人融合，改姓为乜姓。其三，回族姓氏之一，主要分布在西北地区。“乜”字另一个音是miē。

非常不敢说

五代时期，有一个叫冯道的人，曾做过几个朝代的宰相。他曾经建议推动雕版印制，对古代文化的传播起了促进作用。

有一天，冯道令一个门客讲老子的《道德经》。《道德经》中的第一句就是：“道，可道，非常道。”“道”与冯道的“道”同形同音。“道”乃官讳，门客敬畏主人的威望，于是就念道：“不敢说，可不敢说，非常不敢说。”冯道听了，也不觉笑倒。

【妙趣横生】

避讳的礼节

《世说新语》中讲述了这样一个故事：桓玄被任命为太子洗马后，乘船赴任，船停泊在荻渚。当时有位同仁叫王大，刚刚服用了五石散，就去看望桓玄。桓玄为他备办了酒宴。王大因为服用了这种药而不能喝冷酒，于是不停地告诉侍从说："叫他们温酒来！"桓玄听了这话竟然呜咽着哭泣起来，这使王大很不自在，就想离去。桓玄赶忙一边用手巾拭着眼泪，一边对王大说："这只是触犯了我的家讳，关你什么事呢？"这件事以后，王大赞叹桓玄是一个旷达的人。按照晋代的习惯，触犯了已故尊长的名讳，必须依照礼节而哭。王大口口声声地说"温酒"，正好触犯了桓温的名讳，所以桓玄听了就哭泣起来。

只许州官放火，不许百姓点灯

北宋时，有个州的太守名叫田登，为人心胸狭隘，专制蛮横。因为他名"登"，所以，不许州内的百姓说到任何一个与"登"同音的字。谁要是触犯了他这个忌讳，便要加上"侮辱地方长官"的罪名，轻则挨板子，重则判刑。

一年一度的元宵佳节马上要到来了，按照以前的习惯，州里要点三天花灯表示庆祝，州府的衙役贴出告示，让百姓按时来观灯。这次真让出告示的小官感到为难，用"灯"字要触犯太守的忌讳，不用"灯"字意思又表达不明白。想了好久，写告示的小官灵机一动，把"灯"字改成了"火"字。这样，告示上就写成了"本州依例放火三日"。

告示贴出后，百姓们看了都很惊慌，以为官府要在城里放三天大火，纷纷收拾行李，争着离开这是非之地。

【妙趣横生】

非申不可

宋徽宗宣和年间，有个名叫徐申的常州知府，自讳其名。

一次，州属某邑有位县令向他汇报公务，陈述道：“有件事一申再申，已经三次申报府署，也没听到回音。”

徐申大怒，责备道：“你是县官，难道不知道我的姓名？竟然不加以避讳！”

谁知那县官是个务实而不肯拍马屁的人，干脆大声禀报：“为民请命，应该申，必须申，非申不可！如果这件事申报府署不进行处理，我便要申报到中央户部，申述到尚书台，申报到尚书省，申来申去，直到申死才罢休。”说完，拱手而别。

徐申虽然怒火攻心，却无法定他的罪名。

一钩送命

明代的太学有“集贤门”，顾名思义，这是招揽贤才的场所。集贤门的门额为中书舍人詹希原所书。詹希原是位书法大家，当时京城里的城门、宫殿、楼馆等，到处都有他的墨迹，书法之高明被誉为“国朝第一”。詹希原在题写时，照例又在“门”的右下方带上一钩。

一日，明太祖朱元璋出巡到“集贤门”，抬头看到这块匾额，见上面的“门”字有钩，勃然大怒，斥责道：“我正要招纳贤才，你却要关起门来堵塞进贤之路吗？”于是下令将詹希原斩首，可惜一代著名书法家竟因一钩送命。

【知识链接】

故宫各门匾中“门”字末笔直下至底没有向上的钩脚，这是为什么呢？“门”字没有钩脚的传统在宋代就有了，据说宋偏都临安后，玉牒殿失火，殿门烧光。宰臣奏说，宫殿匾额中的“门”字，末笔都有钩脚，带火笔，因此招火，将这些匾额全部烧掉方能免灾。从此以后，凡宫殿的匾额，书写时“门”字末笔都直下，不钩脚。不过这个典故带有迷信色彩。

和尚的劫难

明朝开国皇帝朱元璋的忌讳特别多。有一次，朱元璋请了一位和他以前一起共过事的和尚来宫中吃饭，这位和尚一见皇帝请自己吃饭非常高兴，在酒宴上即兴赋诗一首献给朱元璋。其中有这么一句："金盘苏合来殊域。"意思是：金盘子里装的苏合香是来自不同的地方。朱元璋抓住"殊"字做起了文章。他认为"殊"字左边是一个"歹"字，"歹"字的本义是"死"，后引申为"坏""恶"的意思；右边的"朱"，指朱元璋自己或朱明王朝，"殊"就是"歹朱""死朱""坏朱"的意思，一句话，"朱元璋坏"。他认为这个和尚有意用"殊"字骂他，于是下令将这个和尚杀了。

【趣味解读】

在汉字中，以"歹"为偏旁的字其意义均与"死"有关。《说文解字》："殊，死也，从歺，朱声。"

"殊"在汉代是一种非常残酷的刑罚，也就是砍头的死罪。这就是"殊"的本义。许慎认为"朱"字在"殊"字中只表音。有的学者认为"朱"也有表义的作用，"朱"为红色，因此"殊"字还描写了人死时鲜红的血液四溅的情形。这样理解更切合身首分离极刑的残酷性。

"维民所止"和"雍正砍头"

查嗣庭是康熙朝进士，后官至礼部侍郎。雍正四年（1726），查嗣庭在江西做主考官。根据科举八股文命题的惯例，他选《诗经·商颂·玄鸟》上的句子出了一道"维民所止"的命题。不料却被人告发借出题名义用"维""止"二字影射"雍正无头"，讽刺时事，居心叵测。于是雍正下令将查氏革职问罪。结果，查嗣庭在狱中冤死，仍被处以戮尸枭首，子辈株连死罪，家属流放。这是清朝时期著名的文字狱案——查嗣庭试题案。

【知识链接】

“维民所止”，源出《诗经·商颂·玄鸟》。大意是说，国家广阔的土地，都是百姓所栖息、居住的地方，有爱民之意。

巧用避讳断案

清代雍正年间，有个县官正在大堂办公事，外面进来两个人打官司。这二人，一人姓王，一人姓邱。姓王的说：“十年前，我买了姓邱的两间厢房，因姓邱的家里女孩子多，暂借住我买的两间厢房里。后来，姓邱的女孩子出嫁了，我要求收回这两间厢房，姓邱的却不承认我买过两间厢房。”县官问：“有证人否？”王答：“证人已死。”县官问：“可有证据？”王就拿出买房证据。证据中写明了邱家卖房的原因，后面又有邱××、王××和证人的签名，最后又写明时间为康熙五十五年（1716）。县官知道康熙是雍正父亲的年号，又看了带有耳旁的“邱”字，就说这张证据是假的，房子应该是邱家的。

【趣味解读】

“邱”姓在清代以前为“丘”，以“邱”为姓是从清代雍正皇帝开始的。雍正三年（1725）十二月，雍正皇帝为笼络人心，颁诏“尊师重道”，认为用“丘”作姓犯了“圣讳”，所以将“丘”姓改为“邱”姓。

这个县官是根据那个有耳朵旁的“邱”字使用时间上的漏洞来定案的。这个耳旁一直延续了数百年，直到五四运动后才去掉耳旁。

王锡侯《字贯》案

清乾隆时期，江西举人王锡侯历时十七年，编写了一本简明实用的字典《字贯》。想不到这部普通的字典，却招来了一场大祸。

祸起于该字典一篇王锡侯写的“自序”。王锡侯认为《康熙字典》所收四万六千字，查阅时往往“查此遗彼，举一漏十”。而《康熙字典》却是康熙皇帝“御制”的，这样无疑是贬损了康熙皇帝。王锡侯本家有个光棍无赖王泷南，为了报复王锡侯（王锡侯曾告发过他），向官府告发王锡侯的《字贯》有“狂妄悖逆”之罪。

乾隆御览了《字贯》以后，勃然大怒，认为该书在“凡例”中“将圣祖、世宗庙讳及朕御名字样悉行开列”，于是断定“此实大逆不法，为从来未有之事，罪不容诛，即应照大逆律问拟”。这样，《字贯》一案，突然升级为钦办特大逆案。

案发这年十一月，王锡侯即被执行死刑，他的子孙、弟侄及妻媳二十一人株连判罪，连未满周岁的小儿子也判为功官家奴。查没家产时，把家用锅碗瓢盆、小猪母鸡全部计算在内，官府估价不过六十几两银子。

【趣味解读】

“庙讳”“御名”就是指康熙、雍正、乾隆三个皇帝的名字——玄烨、胤禛、弘历。当时写到这三个名字，都必须“避讳”，用同音字或缺笔代替。王锡侯早在三十八岁就中举，当然是懂得避讳禁忌的。但出于好心，唯恐年轻学子不懂，所以在《字贯》“凡例”中将庙讳、御名都直书。

钟的劫难

清朝光绪十六年（1890）七月十二日，光绪皇帝与珍妃成婚，各国元首和驻华使节纷纷致贺，喜气甚浓。

九月二日，英国驻北京公使华尔特将维多利亚女王的贺礼——一座供玩赏的自鸣时辰钟呈上皇宫，钟座上面镌刻着一副贺联：

日月同明，报十二时吉祥如意；

天地合德，庆亿万年富贵寿康。

当时，中国民间秘密反清组织会道门的宗旨是复兴明朝，推翻清廷，口号是“反清复明”，故慈禧太后最忌讳“明”字，讳“明”已成为清朝末年的国讳，不容犯讳。

慈禧见到贺联中的“日月同明”后，当即死板着面孔，但因是外国人赠送的，又不便发作，于是立即指令太监李莲英将此钟搬出大殿，从此不见踪影。

【知识链接】

什么是国讳？国讳是指避皇帝及其父祖的名讳、字讳，前代年号讳、帝后谥号讳，乃至陵墓及帝王的生肖之类，是封建王朝统治下的臣民必须严格遵循的，甚至连皇帝也不能例外。国讳从秦代开始，历代都严格遵守，这已成为维护封建统治、维持最高统治者的尊严和地位的一种必备手段。通常臣民们都不可以直呼皇帝及其长辈的姓名。这种神圣的国讳，甚至具有法的性质。《唐律疏议》中就规定：故意直呼皇帝的名字就是犯了“十恶”之一的“大不敬”罪。

巧媳妇巧避讳

有位老汉小名叫九，他的家人一般都要回避“九”以示尊敬。这位老汉的儿媳妇非常聪明，说话不只是避开“九”字，连“九”的音也避开，以此表示对公公的尊敬。老九因此常常对乡里人夸奖他的儿媳妇。一天，同村有九个老头儿相商要和老九打赌，说如果他儿媳果真不说“九”，他们便输一桌酒菜；若他儿媳沾上了“九”字的音，老九就得输一桌酒菜。老九欣然答应。第二天，九个老头趁老九不在家时，每人左手提着一个小酒壶，右手拿着一把韭菜，来到老九家门前，要他儿媳转告老九，务必说清他们今天来的是几个人，每人都拿着什么东西。说完后九个老头就假装走开，悄悄地藏在墙角处静静地等着听。一会儿，老九回家了，只听得儿媳朗声说道：“公公，刚才来了四公加五公，每人左手提把扁扁壶，右手拿着把扁叶葱，要请公公到对面小楼上去喝几盅。”九个老头听了，只好认输。

【知识链接】

家讳，指日常言谈或行文用字时，要求回避父祖及所有长辈的名字。避讳最为讲究的，若父母亲在世，就要避祖父母讳；父母已不在世，就只避父母的讳。例如，孔夫子的母亲名徵在，所以孔子在《论语》中，只单用“徵”或单用“在”字。《论语·八佾》中孔子说：“夏礼，吾能言之，杞不足徵也（夏代的礼，我能说出来，它的后代杞国不足以证明我的话）。”《卫灵公》中子告之曰：“某在斯。”

讳名趣事

古时有个书生，他父亲名叫良臣，为了避讳，凡他读书时遇到“良臣”二字，都改读为“爸爸”。

有一次，他读《孟子》，有“今之所谓良臣，古之所谓民贼也”一句，经他一读，就成了“今之所谓爸爸，古之所谓民贼也”，真是滑稽之极。

还有位书生的父亲名叫阿谷，为了避讳，每当见到“谷”字，都要改读为“爹”。有一次，他读《四书》，当读到“旧谷既没，新谷已登”时，仍改“谷”为爹，于是念成：“旧爹既没，新爹已登。”同窗听了，还以为是他爹死了，娘要改嫁，知道原委后，无不捧腹大笑。

【知识链接】

名字上避讳，有以下几种方法：一，改字——用另外一个意义相近或声音相近的字，来代替要避讳的字。二，缺笔——把要避讳的字少写一笔。三，空字——把要避讳的字空一格。四，替代——用“××”来代替，或用“某某”代替，或用“讳”字代替。

第九章　标点史话

鲁迅巧难出版商

20世纪30年代，有位刻薄的出版商曾向鲁迅先生约稿，但又想少付稿费，于是事先讲明，标点符号不是文字，不计算字数，希望得到谅解。

没想到鲁迅先生答应得非常爽快，出版商无比高兴。

几个月后，鲁迅先生如约送上稿件，出版商忙打开文稿一看，只见密密麻麻的蝇头小楷布满了一个个方格，但因没有标点符号，无法断句，怎么也弄不清内在的深义，简直是一本“天书”。

出版商无奈，只得亲自登门向鲁迅道歉，请求加上标点符号。

鲁迅先生严肃地说：“你不是说标点符号不是字吗？但没有标点的文字能叫文章吗？现在你该明白了，标点就是无声的文字！”随后，他从出版商手中接过那叠文稿，认真添加标点符号，使文字、标点符号达到和谐统一。

【妙趣横生】

请光寄标点来

德国19世纪有位作家台奥多尔·冯达诺在柏林一家报馆任编辑时，收到一位青年作者寄给他的诗稿。这位作者在信中还说：“我对标点不大在乎，请您给填上吧！”

这种对创作极不负责的态度，令冯达诺甚为愤然。他在给作者退稿时，在信中写了如下的话，以示警告：“下次来稿，请光寄标点来吧，诗由我来填好了。”

胡适用新式标点

胡适的《中国哲学史大纲》，于1919年2月由上海商务印书馆出版。这部著作不仅用白话文撰写，而且在图书中第一次使用了新式标点符号。

书出版后，胡适送了一本给章太炎先生。他在书上的题词是“太炎先生指谬　胡适敬赠”。姓名旁边，按新式标点规定符号，加了一条黑线。章氏弄不清这个符号的作用，一见自己名字旁的黑线便很生气：“胡适之竟然敢在我名字上乱涂乱画！”继而发现胡适名字旁边也有一条黑线，章太炎才由怒转喜道：“他也有黑线，那就扯平了。”

【妙趣横生】

林琴南的尴尬

清末文学家林纾，字琴南，博学多才，曾用文言翻译过150多种外国小说，名气很大。他在翻译时感到的主要困惑还不是自己不懂外文造成的不便，而是由于抵制新式标点符号造成的尴尬。当时，外文中已使用了多种标点符号，而文言文不用标点符号。受传统思想的影响，他无论如何也不肯把外文中的标点符号移植过来，有时就很不好处理。比如，碰到外文中的省略号，他只好在原文有省略的地方写上“此语未完”四个字夹在译文中，弄得读者莫名其妙。

乐官只有一只脚吗

相传，舜的时候有个乐官叫作夔，他制乐、作曲很有本领，舜请他当乐正，用乐教来使天下人归服。由于夔很有本领，所以古书上记载说，制乐这样的大事，“夔一足”，意思是有夔这样一个人就足够了。

可是“足”还有“脚”的意思，加上没有标点符号，有人给出了另外一种理解，鲁哀公就曾经问过孔子，说：“夔只有一只脚，是真的吗？”

孔子笑着答道：“哪里是这样的呢？夔是有名的乐官，能制乐平天下，古书里记载‘夔一足’不过是说这种大事只要有夔一个人就足够了，是极力称赞的话，哪里是说夔就只有一只脚呢！”

按照孔子的解释，应当读成：“夔一，足。”这个逗号是照现在的用法加的，当时并无标号符号，全靠读者个人的理解来句读。一点之差，常使句意大变，传为千古笑谈。

【妙趣横生】

一个逗点

英国著名作家王尔德有一次举行宴会，宾客济济一堂，但客人们在客厅里等了很久也不见主人到来，都很着急。后来，王尔德匆匆忙忙地赶来了，急急忙忙地向客人施礼道歉。客人问他干什么去了，他回答说：“在修改诗稿。”客人又问：“这么大半天，一定做了不少工作吧？”王尔德满意地笑着说：“我做了一件极其重要的工作，先删去了一个逗点，但后来经过反复思考，又把它加进去了。”

包公巧断案

从前，有一个财主的儿子叫薛补成，是远近有名的浪荡公子。一次，他到邻村闲逛，看中了王老五的闺女阿秀。回来后就托亲找友，硬要人家给他提亲。几次不成，他便仗着父亲有钱有势，安排好下人和打手们，定下个日子抢亲过门，但他又做贼心虚，怕遭乡邻唾骂，就暗自单方写了婚约：薛补成娶阿秀为妻不能毁约理自当然立此为证。

他在抢亲那天当众宣读：“薛补成娶阿秀为妻，不能毁约，理自当然，立此为证。”以此来表明他是明媒正娶。

正在这危难之际，包公私访民情途经这里。包公问明事情原委后，让薛补成把婚约递上，过目之后，声色俱厉地喝道：“大胆刁民薛补成，你还强词夺理？这婚约上明明写着‘薛补成娶阿秀为妻不能，毁约理自当然，立此为证’。白纸黑字，一字不差，你还敢抵赖吗？”

薛补成听后哑口无言，只得叩头求饶。

【妙趣横生】

断句不当闹笑话

一天，某领导宣读文件，把“已经取得文凭的和尚未取得文凭的干部”读成了“已经取得文凭的和尚、未取得文凭的干部”，台下顿时哄堂大笑。这位领导生气了，他又敲话筒，又拍桌子，喊道：“你们笑什么？年轻人不好好学习不是好事，现在连和尚也得有文凭，何况干部呢！”

雨果巧用标点写信

法国19世纪浪漫主义诗人、文坛巨匠雨果，完成了长篇小说《悲惨世界》后，立即寄给一个出版商。几个月过去了，一直杳无音信。雨果忍受不了等待的煎熬，便给出版商写了一封信，内容是“？”。

一封信仅有一个“？”，这个“？”看来单一，实际是作者心神的凝聚：为什么作品没有出版？是不是不合你们口味？为什么至今未见回音……

出版商心领神会，不多时，雨果收到了出版商的回信，急忙拆开一看，上面写着“！”。雨果不觉眉头舒展，喜形于色：一个感叹号包含着惊叹、赞赏、褒奖……感情强烈，耐人寻味。

在某些特殊情况下，标点符号能够传送信息和感情。这两封信虽仅有两个标点符号，却表达了他们所要表达的内容，被称为世界上最短、最简洁的信，也是最特殊的信。

【妙趣横生】

打“点滴”

有位老人身体不适，去医院看病。医生检查完以后，只在处方单上画了个大大的“！”，让他交给护士。

这位老人很不安，心想：我以为只是小毛病，怎么医生打了惊叹号，难道我病得很重吗？便去请教护士。

护士看了一眼处方，淡淡地回答：“没什么，打‘点滴’。”

普希金的愤慨

俄国诗人普希金历时八年，终于在1831年完成了俄国第一部现实主义的长篇诗体小说《叶甫盖尼·奥涅金》。小说的主人公奥涅金是圣彼得堡的一个贵族青年，因为出入于上流社会，染上了流行于当时知识界的“忧郁病”。他四处漂泊，屡屡失意。作品通过对奥涅金形象的塑造，反映了19世纪30年代俄国社会生活的真实图景，讽刺了各种类型的城市贵族和乡村地主，揭露和批判了贵族阶层的丑恶和腐朽，成功地塑造了俄国文学史上第一个“多余人”的形象，成为批判现实主义的典范之作。可是，这本书初版时有一种奇怪的标点符号用法：书中有好些书页整页都只有一个标点符号：省略号。

原来，这本书写成后曾交给沙皇书报检察官审查。书报检察官在审阅时，把有损沙皇权威及达官贵人声誉的内容都删去了，有些删削毫无理由。普希金对此非常愤慨。为了表示抗议，他就用省略号来代替整章、整页的诗句，而且特意把它印在书上，作为对沙皇统治的无声抗议和无情嘲讽。

当然，省略号代替整页整章的文字或诗句，是一种特殊用法。

【妙趣横生】

三个标点指点迷津

美国一位名叫巴尔卡的心理学家曾在一次青年人的聚会上，收到一份特别的自传，上面只有三个标点：（——）（！）（。）。自传人沮丧地解释：一阵横冲直撞，落得个伤心自叹，最终一生以抱憾结束。巴尔卡听了解释，付之一笑，也用三个标点写了份自传：（、）（……）（？）。他热情地鼓励这位自暴自弃、垂头丧气的青年：青年时期是人生暂时停顿的驿站，道路漫长，希望无边，岂不闻浪子回头金不换？

祝枝山写联骂财主

明代书画家祝枝山，与唐伯虎、文徵明、徐祯卿，并称为“吴门四才子”。一年除夕，有个姓钱的财主，请祝枝山题写对联。祝枝山早闻这个财主平素搜刮乡里，欺压百姓，心甚怨恨，决计趁此机会，奚落一番。钱财主要在大门和侧门各贴一副对联。祝枝山铺开纸，眉头皱了皱，写道：

明日逢春好不晦气

终年倒运少有余财

此地安能居住

其人好不悲伤

钱财主看后大怒，说祝枝山咒骂他，吵着要去县衙告状。

祝枝山辩解道："读书人无权无势，岂能出口伤人？君子成人之美，所题全是吉祥之词。"钱财主大声嚷道："有这样的吉祥词吗？"说完，念道：

明日逢春/好不晦气

终年倒运/少有余财

此地/安能居住

其人/好不悲伤

祝枝山听后，带着讥笑胸有成竹地回应道：

明日逢春好/不晦气

终年倒运少/有余财

此地安/能居住

其人好/不悲伤

财主听后，目瞪口呆，无言以对。

【妙趣横生】

奇怪的对联

自古对联需用文字，然而偏有人不用文字，却用标点符号组成对联：

？ ？ ？ ？ ？ ？

！ ！ ！ ！ ！ ！

这是一幅充满血泪的挽联——1949年4月1日，国民党军警、特务悍然镇压南京大专院校反饥饿、反内战的游行学生，打死三人，伤多人，举国震怒！追悼会上，有人送去这副标点挽联。上联表达了对反动派的谴责、质问和愤慨；下联宣示了誓不妥协、继续战斗的决心。十二个标点符号，可谓“不着一字，尽得风流”。

巧断句保全性命

有一次，慈禧太后令一位书法家给她的扇子题词。那位书法家题写的是唐代著名诗人王之涣的《凉州词》：

黄河远上白云间，一片孤城万仞山。

羌笛何须怨杨柳，春风不度玉门关。

不料一时紧张，竟漏写了一个“间”字。慈禧一看大怒，喝令将书法家推出斩首。

那位书法家一听，心惊胆战，急中生智，赶忙跪下解释道：“老佛爷息怒，这不是王之涣的《凉州词》，而是臣新填的词啊！”说完，随吟诵道：

黄河远上，白云一片，孤城万仞山。

羌笛何须怨？杨柳春风，不度玉门关。

慈禧太后一听，明知他是胡诌，却十分赞赏他的机智，于是微微一笑，赦他无罪。

【妙趣横生】

诗歌变剧本

唐代诗人杜牧的《清明》广为人知，诗的全文是这样的：清明时节雨纷纷，路上行人欲断魂。借问酒家何处有？牧童遥指杏花村。

后来，有人将这首诗只改标点符号，不增减一个字，编成了一个小剧本：

【清明时节。雨纷纷。】

【路上。】

行人：（欲断魂）借问酒家何处有？

牧童：（遥指）杏花村！

两读皆可的对联

从前，有一财主开办了一个酒厂。开张前夕，请来一位秀才给写对联，财主答应给秀才十两银子，但只先给二两，待写好对联后，再全部付清。秀才见财主如此刁难吝啬，有意戏弄他一番，灵感一动，挥笔写道：

酿酒缸缸好做醋坛坛酸；

养猪大如山老鼠只只亡。

横批是：人多病少财富。

对联写好后，秀才读给财主听，句句停顿为：

酿酒缸缸好/做醋坛坛酸；

养猪大如山/老鼠只只亡。

横批念作：人多/病少/财富。

财主一听，十分欣慰，赶忙令人贴到门口，至于银子，则支支吾吾，托词搪塞过去。

第二天，酒厂开张，亲朋满座，顾客盈门，财主一家忙得不可开交。门口的对联，特别引人注目，你也念，他也读，笑声不断，议论不休。财主觉得奇怪，赶忙出门一看，只气得脸色苍白，火冒三丈。原来对联贴出后，有人给添加句读成为：

酿酒缸缸好做醋，坛坛酸；

养猪大如山老鼠，只只亡。

横批变作：人多病，少财富。

【妙趣横生】

行路人等不得在此小便

大街拐角处有个巷子，行人都爱在这里小便，搞得骚气冲天。临窗的户主无奈，在后墙上写了一行字："行路人等不得在此小便。"有个行路人看了这行字，跑到墙根就要小便。户主抓住他的衣领说："你眼瞎了，没看墙上写着'行路人等，不得在此小便'吗？"那人反驳道："我正是看了它才要小便的。上面不是写着'行路人，等不得，在此小便'吗？我就是憋不住了才来的。"一句话问得户主张口结舌，连忙拿笔去添了标点符号。

糊涂县官审案

相传有个叫栾达仁的糊涂县官，他坐堂审案时，常常是先打五十大板，然后才开腔。人们便送给他一个绰号，叫“乱打人”。

一次，有个叫郑光明的手艺人，因房产纠纷前往衙门打官司。栾达仁接过状子一看，只见开头写着：

草民郑光明年四十有五妻黄氏。

栾达仁顿时勃然大怒，斥责道：“好一个刁民郑光，你听着，你今年三十九岁，偏要说明年四十，这分明是戏弄本官……你一个低贱的手艺人，竟然娶上五个妻子，而且同出一姓，必是霸占一族良家女子……来人，给我狠狠地打！”

郑光明被打得皮开肉绽，苦苦哀求道：“县太爷饶命！我叫郑光明，今年四十五岁，只有一个妻子，姓黄……”

站在旁边的师爷猛地醒悟过来，悄悄地对栾达仁说道：“老爷，不该打，你把状子念错了，应当是：‘草民郑光明，年四十有五，妻黄氏……’他只有一个老婆，不是五个。”

【妙趣横生】

迎春条幅

从前，有一户人家过年时请人写了一条幅，原意是：“今年好，倒霉少，不得打官司。”但写字的人把字句都连着写出，忽略断句，语句之间既没有标点，也没有间隔。初一，拜年的人一见条幅，忙问道：“你家遇到什么倒霉事啦？”主人怏怏不乐地说：“为什么一进门就说不吉利的话！”来人指着门上的条幅说：“你这儿不是写着吗？‘今年好倒霉，少不得打官司’。”

如此字据

有个财主，十分吝啬。一次，他聘请了一位先生，来专门教育儿子。先生知道财主为人刻薄，几经思虑，便写出一份字据：

“无米面亦可无鸡鸭亦可无鱼肉亦可无银钱亦可。”

财主看后满心欢喜，认为占了大便宜，便与先生在字据上按了手印，各执一份。

年终之际，先生找财主算账，要求补足平时的饭菜费，财主怎么也不肯给。彼此争执不下，便带上字据，同往县衙评理。县官问明情由，要他们各将字据念一遍。

财主抢先念道：“无米面亦可，无鸡鸭亦可，无鱼肉亦可，无银钱亦可。”

先生念道：“无米，面亦可；无鸡，鸭亦可；无肉，鱼亦可；无银，钱亦可。”

县官面向财主道：“哪有一年辛苦教到头，一无所得的道理？”于是责令财主即刻付清先生学费及平日所欠饭菜钱，财主只得服从判决。

【妙趣横生】

李久着急

李久放学回家，家里没人，桌子上有张纸条，上写“弟弟找不到爸爸妈妈很着急”，没有标点符号。李久琢磨半天，有好几个可能：

其一：弟弟找不到，爸爸妈妈很着急——弟弟丢了，着急的是爸爸妈妈。

其二：弟弟找不到爸爸，妈妈很着急——爸爸不见了，着急的是妈妈。

其三：弟弟找不到爸爸妈妈，很着急——弟弟走失了，弟弟着急。

李久看了条子，一时不知道怎么回事，也很着急。

断句成诗结佳缘

清代乾隆年间，有一位姓许的姑娘文才出众，秀丽端庄，年过二八还待字闺中。这位姑娘立志要找个才子为夫，但又不愿以科举取士之法去试未来夫婿的才华。后来，她想出一个主意，写了一篇四十八字无标点符号的奇文张贴于门外，声明谁若能句读断文成诗，便嫁给他为妻。其文曰：“月中秋会佳期下弹琴诵古诗中不闻钟鼓便深方知星斗移少神仙归古庙中宰相运心机时到得桃源洞与仙人下盘棋。”

其文贴出后，引得各地才子来试的人不少，但都无法句读成诗。因为这一段文字只有四十八字，按五言诗断多出八字；按七言诗断，又少八字，何况还要受到韵脚的限制。一日，有个英俊潇洒的青年来到文前，仔细拜读，略思考，便胸有成竹地说：知道了，这不过是一首七言藏头诗，每句最后一字的右半字作为下一句的开头字，全诗开头字隐在最后一字的右下方，全诗是：

八月中秋会佳期，月下弹琴诵古诗。

寺中不闻钟鼓便，更深方知星斗移。

多少神仙归古庙（廟），朝中宰相运心机。

几时到得桃源洞，同与仙人下盘棋。

诸位求婚者听完这位青年的断句和解释，个个佩服得五体投地，最终惭愧离去。

许家小姐得知有人句读断文为诗，连忙派人请来见面，后来二人终于喜结良缘。这个青年就是后来创作长篇小说《镜花缘》的作者李汝珍。

【妙趣横生】

妙校标点成佳作

1927年冬，前苏联作家安德烈·梭勃里给《海员报》写了一篇名为《鬼知道》的短篇小说，但层次不清，杂乱无章，编辑部为此大伤脑筋。后来老编辑布拉果夫主动要去稿子，整整看了一夜。次日，同事们看到修改后的稿子惊呆了。布拉果夫并未增删一个字，可《鬼知道》这篇小说竟成了一篇难得的佳作，语言流畅，段落清晰。原来，布拉果夫一夜全用来校正文章的标点符号了。

第十章 成语故事

安步当车

战国时期，一次，齐宣王召见贤士颜斶说：“你过来。”颜斶答道：“请大王你过来吧。”齐宣王当然很不高兴，其他官员也惊奇不满道：“大王是一国之君，你只不过是个臣子，怎可放肆？”颜斶说：“话不可以这样说，如果我按大王吩咐走上前去，表明我贪恋权势、阿谀奉承；若大王走到我的面前，显示他尊重贤士。你们说是我贪恋权势好呢，还是大王尊重贤士好呢？”

齐宣王听了，忍不住咆哮起来：“是国王高贵呢，还是贤士高贵？”颜斶回答：“当然贤士高贵，这有历史证明。从前秦国攻打齐国时，下过一道命令说：‘谁在贤士墓地砍伐树木，处死刑。’又说：‘能够拿下齐王首级的，封高官，赏千金。’由此看来，国王的头还不如贤士墓地的一棵树！”齐王听了，一句话也说不出来，竟然拜颜斶为师。颜斶婉拒后说：“晚食以当肉，安步以当车，无罪以当贵。”说完就走了。

【说文解字】

“安步当车”指慢慢走路、缓步而行，也可以比喻不贪图富贵，安于清贫。

大义灭亲

春秋时期，卫庄公在位时，十分溺爱小儿子州吁，养成了他骄横无理的毛病。大夫石碏奉劝庄公说：“我听说疼爱孩子应当正确地教导他，不让他走上邪路。骄横、奢侈、淫乱、放纵是导致邪恶的原因。这四种恶习就是因为孩子太过被长辈溺爱而产生的。”但庄公并没把石碏的话放在心上，后来还任命州吁为将军。石碏的儿子石厚与州吁关系甚好，两人狼狈为奸，搅得卫都鸡犬不宁。

庄公死后，桓公即位。公元前719年，石厚跟随州吁刺杀了桓公，篡夺了王位。州吁自立为国君，封石厚为上大夫。两人非常得意，但卫国人对这个国君并不认可。

州吁见无法安定卫国的民心，于是通过石厚向石碏请教安定君位的方法。石碏说："如能朝见周天子，州吁的君位就能稳定了。"石厚问："怎样才能朝见周天子呢？"石碏答道："陈桓公现在正受周天子宠信，陈国和卫国的关系又和睦，如果去朝见陈桓公，求他向周天子请命，就一定能办到。"石厚马上就跟州吁去陈国。石碏先一步派人告诉陈国说："卫国地方狭小，我年纪老迈，没有什么作为了。去贵国的两个人正是杀害我们国君的凶手，敢请贵国设法处置他们。"陈国人等州吁和石厚一到陈国便将他们抓住，并到卫国请人来处置。卫国派遣右宰丑前去，在濮地杀了州吁。石碏又派自己的家臣獳羊肩前去陈国杀石厚。石厚说："我是罪该万死，请将我用囚车载回卫国，见父亲一面，然后再处死我。"獳羊肩说："我奉你父亲的使命，来诛逆子。你想见父亲，就让我把你的头带回去见吧。"于是将石厚诛杀。

【说文解字】

《释名·释言语》："义，宜也。裁制事物使合宜也。""义"的本义为"道义"。这则成语的意思是为了维护正义，对犯罪的亲属不徇私情，绳之以法。形容正直无私，为了维护国家和人民的利益，对犯罪亲人不徇私情，使其受到应有惩罚的人。

得意忘形

魏晋时期的阮籍与嵇康、刘伶、向秀等被称为"竹林七贤"。阮籍本来很有抱负，希望能在政治上有所作为，但他对执政的司马氏集团非常不满，又不敢明白地表示自己的见解和主张，只得采取明哲保身的态度，或者闭门读书，或者纵情于山水，或者酣醉不醒，或者缄口不言。因此史书中描写他时说是

“当其得意，忽忘形骸”。

司马昭看阮籍是个非常有才能的人物，便有意与他结为姻亲。阮籍从心里讨厌司马昭的儿子司马炎，但又不能公开回绝。于是他索性喝个酩酊大醉，让自己一连几个月处于酣醉不醒的状态。司马昭见阮籍天天不醒酒，事情一直无法商量，只好放弃了结亲的打算。

司马氏曾经三番五次想让阮籍出来做官，都被阮籍想方设法地婉言谢绝了。后来，阮籍明白自己逃不过为官的命运，特别是听说步兵校尉衙门的仓库里收藏有好酒后，就主动要求担任步兵校尉。司马昭看到阮籍主动来要求做官，心中十分高兴，马上同意了他的要求。阮籍到任后，对仓库中的好酒，只管放开量去喝，至于公事则一概不理。

有人看到阮籍这官当得太自在，不像他们既要处理公务，又要时刻看上司的脸色，于是他们就到司马昭面前告状：“阮籍这个人现在当了步兵校尉，每天只在衙门内喝酒，这样下去公务不就要荒废了吗？”

司马昭明白，只要能让阮籍出来做官，就能缓和一批人与他的敌对关系，所以司马昭总是笑着对那些人说：“由他去吧，只要他高兴，你们就不必去挑剔。我了解他，你们不能用世俗的眼光去衡量他的言行。”

其实，阮籍表面上非常狂放，但内心里万分小心谨慎。阮籍非常明白，在司马氏的统治下，人们都各怀心事，有时一句话说得不对，就可能招来杀身之祸，因而故作狂放以保身。

【说文解字】

形，形体，样子。这则成语的意思是指高兴得忘记了自身形体的存在，形容人因为高兴而控制不住自己，失去常态。

狗尾续貂

晋惠帝司马衷当朝时，对朝政一窍不通，大权落到了生性凶狠狡诈的皇后贾南风手里。

晋惠帝的叔叔赵王司马伦一心想当皇帝，于是就玩弄阴谋诡计。最后，司马伦除掉了贾皇后，终于掌握了大权。后来，他借掌管宫中禁军之机，发动政变，赶走了晋惠帝司马衷，自己当上了皇帝。

司马伦上台以后，深恐众人不服，为了笼络人心，就滥封官爵，他的亲戚、朋友，甚至许多仆人、杂役都跟着他飞黄腾达。当时近侍官员皆以貂尾为冠饰。司马伦滥封官爵，一时没有那么多貂尾，只好用颜色、形状与貂尾相似的狗尾代替。由于司马伦封的官员太多了，老百姓议论纷纷，对那些当上官儿的不三不四的人非常痛恨，就编谚语骂他们道："貂不足，狗尾续！"这样一种不伦不类的政权自然不可能长久，果然，没过多久，司马伦政权就被推翻。

【说文解字】

续：接续，加接。貂：成语中指貂尾，古代皇帝的侍从官员用作帽子上的装饰。这则成语是讽刺封官太滥，貂尾不够用，只好用狗尾巴来代替。比喻用不好的东西续在好东西后面，现在多用来形容妄续他人文学作品或作自谦之辞。

画虎类犬

东汉著名的军事家马援少年时就已心怀大志，为人仗义。后来，王莽篡权，天下大乱，马援几经波折，投靠在汉朝皇族后裔刘秀的帐下效力。公元33年，马援被任命为太中大夫，作为来歙的副将，统军驻守长安。后来，陇西一带屡遭羌兵侵袭，来歙向光武帝上书说："陇西之乱，非马援不能平定。"于是马援被任命为陇西太守，不久，因屡立军功被封为伏波将军。

在马援奉命征讨交阯时，听说他的侄子马严、马敦喜欢讥笑别人，又与一些豪侠过从甚密，马援很担心，怕他们涉世不深，引起事端，便立即写信警告说："我希望你们做到：在听别人的过失时，应像听到自己父母的名字一样，只能听，不能说。龙伯高为人敦厚谨慎，你们可能学不会；杜季良豪侠仗义，你们却学不得。所谓‘刻天鹅刻得不像，至少像只野鸭子，它们毕竟还是同类；但画虎画不像，就会像狗’。这不就成笑话了吗？学龙伯高学不到家，不失为谨厚长者；如学杜季良学不到真谛，就会成为轻浮的小人。我绝对不希望我的后人成为这种人！”

【说文解字】

画：绘画。类：好像。这则成语的意思是想画成老虎，画完后却像狗。比喻好高骛远，一无所成，反成为别人的笑柄。也比喻模仿得不好，反而弄得不伦不类。

狡兔三窟

孟尝君，即田文，战国时齐国的贵族。孟尝君在齐国担任相国时，他的门下有数千名食客。他曾联合韩国和魏国，大败了秦、燕、楚三国，因此声名大振。

孟尝君门下有个名叫冯谖的食客。一次，孟尝君询问门客中谁能替他到薛地去收债，冯谖自告奋勇，承担了这个任务。冯谖到薛地后，当众把百姓欠债的借据全都烧毁，还说这是孟尝君的命令。于是借债的百姓对孟尝君感激涕零。

冯谖回来后对孟尝君说，他见相国家里什么都不缺，就缺一个“义”字，因此就以相国的名义将债契全烧了，为相国赢得了义。孟尝君听了非常不高兴，但也没办法公开责备冯谖。一年后，孟尝君被齐王免除了相国的职务，只好回到薛地去。离薛地还有一百多里路，百姓就扶老携幼地前来迎接。孟尝君这才看到了冯谖的用心，由此非常感谢冯谖。但冯谖对他说：“聪明的兔子有三处洞穴，才使它免于被猎人猎杀，被猛兽咬死。如今您只有一个洞穴，还不能高枕无忧，让我帮您再凿两个洞穴吧。”

于是，孟尝君给了冯谖五十辆车子，五百两黄金，去游说西边的魏国。冯谖见到魏王后就称赞孟尝君的才干，以及受到人们爱戴，他的一席话深深地打动了魏惠王。魏惠王马上派使臣携带许多财物和马车去齐国，聘请孟尝君来魏国当相国。

冯谖赶在魏国使臣之前回到薛地，告诫孟尝君一定不要接受聘请。魏国使者一共来了三次，孟尝君始终不答应接受聘请。这一来，孟尝君身价倍增。齐国听到这个消息，君臣都十分担心孟尝君为别的国家效力，于是齐王赶紧恢复了孟尝君相国的职位，并亲自向他谢罪。这样，冯谖为孟尝君凿成了第二个窟。之后，冯谖又建议孟尝君向齐王请求赐给自己先王的祭器，在薛地建造宗庙供奉。这样一来，齐王就会派兵来保护，而薛地在齐国的地位就非同寻常了。宗庙在薛地建成后，冯谖对孟尝君说："三个洞穴已经凿好，今后您可以高枕无忧了。"

【说文解字】

狡：狡猾、狡诈。三：非具体数字，多的意思。窟：藏身的洞穴。这则成语的意思是指狡猾的兔子有多个藏身的洞穴。常用来比喻隐蔽的地方或方法很多。现在一般用来表示做事留有余地，具有多种应变能力。此外，这则故事也是成语"高枕无忧"的出处。"高枕无忧"比喻太平无事，无所忧虑。

乐极生悲

春秋时期，齐国国君齐威王即位后，在大臣淳于髡的帮助下，全心治理国家，使齐国成了强国。威王八年（前371）时，楚国兴兵攻打齐国，齐王派淳于髡出使赵国，请求援救。在淳于髡送去大批贵重礼物和悉心陈词后，赵王同意派十万大军支援，楚军见状吓得不战自退了。

齐威王当然高兴异常，他摆设庆功酒宴，犒赏淳于髡。齐王道："你喝多少酒才会醉？"意欲一醉方休。淳于髡答道："我少喝能醉，多喝也可醉。"威王不解地问："你所言何意？"淳于髡机智地回答："场合不同，情势不同，都可使酒量有变。喝酒喝到极点，必会喝出乱子；欢乐到极点，也必会生出悲伤之事。"

齐威王明白，淳于髡是在提醒自己，不可贪酒误事、欢乐无度，立刻打消了要一醉方休的念头。

【说文解字】

“乐极生悲”的意思是凡事超过一定限度，就会走向反面。

溜须拍马

宋真宗时，有位大臣叫丁谓，善于察言观色，颇得皇帝赏识，被擢为参知政事（副宰相）。当时的宰相是寇准，官阶比丁谓高，丁谓便将献媚之功对寇准施展。有一次，二人在一起吃饭时，寇准的胡须弄上了一些饭粒，丁谓赶忙卑恭地凑上前去，伸出手轻轻地为寇准理顺胡须，还大赞寇准的胡须漂亮。寇准大笑着说：“怎么？难道世间还有替人溜须的宰相吗？”自此，丁谓成了中国历史上有名的溜须宰相。“溜须”一词有了谄媚新意。

相传，北方游牧民族非常喜欢马，他们见面时有一种礼节，人们下马闲谈，互相拍拍马的屁股，说一句“马养得真壮实啊”，后来演变成“拍马”说奉承恭维话，与“溜须”异曲同工，“溜须拍马”隧成为一个成语。

【说文解字】

“溜须拍马”指对有权势之人极尽吹捧谄媚、阿谀奉承之能事。

目不识丁

在前秦苻坚时代，有一位官员叫姜平子。一次，苻坚让群臣赋诗。姜平子创作的诗中有一个“丁”字，但他为达到升官拜爵的目的，极尽阿谀奉承之能事，特意将“丁”写作“丅”，下边没有钩。

苻坚问他为什么这样写，姜平子说：“为人正直而不屈，才算得高尚可贵，如果屈服于别人，就是一个怕死鬼，这样的人不是君子。”苻坚听了，很是高兴，于是提拔姜平子为“上第”。

人们看到姜平子投苻坚之所好，竟因一字而登天，都笑话愚蠢粗鲁的苻坚不知道“丁”和“丅”的区别，说他“目不识丁”。

【说文解字】

在“目不识丁”这个成语的运用中，有人由于不知其来历，把“丁”看作简单汉字的代名词，“目不识丁”便成了连最简单的字也不认识的意思，是说人没文化，不识字。

在古文字中，“丁”是一个古老的象形字，其本义就是指木楔或铁钉，即钉子。钉子是一种微小的物体，故“丁”字可以引申为微小之意。又因钉子常为金属所制成，坚硬无比，因而“丁”字还有壮实、壮大、强壮的意思，如壮丁。此外，还可以引申为家庭中的人口等意思。

奇货可居

战国时，有个叫吕不韦的大商人。一次偶然的机会，吕不韦在路上发现一个很有风度的年轻人。有人告诉吕不韦说：“这个年轻人是秦昭王的孙子，太子安国君的儿子，名叫异人，正在赵国当人质。”当时，秦赵两国经常交战，赵国无暇照顾异人，异人穷困潦倒。吕不韦了解到这些情况，马上意识到如果在异人身上投资，说不定有一天会换来不可估量的利润。他不禁自言自语道：“此奇货可居也。”

后来，吕不韦先拿出一大笔钱，买通监视异人的赵国官员，让他与异人有了一面之交。见面时，他对异人说：“我想办法让秦国将你赎回去，然后立你为太子。那么，你就是未来秦国的国君。你看这样好吗？”异人听了吕不韦的话又惊又喜，承诺事成之后要好好报答吕不韦。

两人将此事议定，吕不韦立即动身去秦国。他带着无数财宝用以贿赂秦国太子安国君的左右亲信，通过他们说服安国君，让他把异人赎回秦国。当时安国君最宠爱的华阳夫人没有孩子，吕不韦送给华阳夫人无数财宝，让她收异人做了嗣子。秦昭王死后，安国君即位，史称孝文王。在华阳夫人的劝说下，异人被立为太子。孝文王即位没多长时间就因病去世，太子异人便即位为王，即庄襄王。

庄襄王即位后，念念不忘吕不韦对他的帮助，拜吕不韦为丞相，封为文信侯，并把河南洛阳一带的十二个县作为他的封地，以十万户的租税作为他的俸禄。吕不韦成为秦国权倾朝野的重臣。

【说文解字】

“奇”字最早出现在金文中，许慎说：“奇，异也。一曰不偶。”意思是“奇”是特殊、奇异的意思，另一个意思是不成双数。“奇”由稀奇、特殊的意思引申，也有美好、绝妙的意思，泛指一切不同寻常的、奇特的人或事物。这则成语的意思是把珍奇的货物囤积起来，等待高价出售。比喻以某物为资本，博取功名财利。

秦晋之好

春秋初期，晋国逐渐成为一个势力较大的诸侯国。为了加强与邻近的秦国的友好关系，晋献公将自己的大女儿嫁给了秦穆公，历史上称她为秦穆夫人。

后来，年老的晋献公听信宠妃骊姬的谗言，竟逼死太子申生，迫使公子夷吾和重耳逃离晋国。后来，骊姬的儿子当上了国君，却被忠于夷吾的大臣杀死了，流亡在外的夷吾请秦穆公派兵护送并支持他，且允诺割五座城池给秦国以作为报答。但他即位（史称晋惠公）后居然食言。过了四年，晋国发生饥荒，向秦国求援，秦穆公不计旧恨，还是运送了许多粮食到晋国去，帮助晋国度过了饥荒。可是次年秦国发生了饥荒，晋惠公却不肯支援秦国粮食，使秦穆公对晋国彻底失望。过了一年，秦穆公率军攻伐晋国，活捉了晋惠公。后在秦穆夫人的帮助下，秦穆公不仅宽恕了晋惠公，而且与晋国缔结了盟约。晋惠公为了表示诚意，把太子圉送到秦国去当人质。不料，子圉居然偷偷地逃回晋国。次年晋惠公去世，子圉当了国君，即晋怀公。晋怀公生性残暴，引得朝中百官对他强烈不满。

在各诸侯国流亡了多年的晋公子重耳，最后来到了秦国。他才华出众，为人忠厚，秦穆公很欣赏他，把宗女怀嬴嫁给他。后来，秦穆公派军队护送重耳回到晋国，重耳派人刺杀了晋怀公，群臣都拥戴他当国君。重耳即位后，让太子也娶秦国的宗女做夫人。此后晋国几代都和秦国联姻，史称“秦晋之好”。

【说文解字】

“好”是个会意字，本义是女子貌美，长得漂亮，引申为一般事物的美好。“秦晋之好”中的“好”为友好、和睦的意思。这则成语意思是指秦国和晋国联姻，友好相处，现用来代指两姓结为亲家婚姻关系。

取而代之

公元前224年，秦王嬴政派老将王翦统率六十万大军浩浩荡荡地南下攻楚，意在吞并楚国。楚将项燕率军抗敌，双方几经交锋，楚军不及秦军骁勇，加之寡不敌众，结果大败，项燕也在军中阵亡。随后，楚国被灭。秦王吞并六国之后，下令将各国王室及大臣掳到秦都咸阳，或杀或囚，意在杜绝后患。项燕的儿子项梁带着侄儿项羽侥幸逃脱。项梁开始教导项羽读书，可是项羽并不喜欢读书，项梁几次督促见效不大，只好改教项羽学习剑法。可是，项羽学剑也不大用心。这惹怒了项梁，他把项羽叫到面前，生气地训斥他。

项羽振振有词地答道：“读书学会写自己的名字就够用了，剑术再精也只能是一个人作战，没大用处。我要学统率万人作战的本事。”

项梁出身军人世家，对兵法颇有些研究，而且也不反对项羽学兵法，于是又改教项羽研读兵书战策。

有一天，秦始皇巡行天下，车驾经浙江到江苏，恰好被项羽和项梁在路上看到，项羽顿生羡慕之心，脱口而出：“我将来一定可以取代他。”

项梁听了大吃一惊，急忙掩住项羽的嘴巴说：“这话是要犯灭门之罪的。”但项梁心里为项羽胸怀大志而高兴。

【说文解字】

取：夺取。代：代替。这则成语的意思是夺取别人的地位、权力而代替他。现在是指以一种事物代替另一种事物。

三寸之舌

战国时期，在赵国公子平原君赵胜门下有个食客名叫毛遂。毛遂整日无大事可做，没有什么名声，几乎不为人所知。公元前257年，秦昭王围困了赵国的首都邯郸，企图吞并赵国。赵孝成王急忙派平原君为使臣去楚国求援，要求与楚国订“合纵”盟约联合抗秦，以救赵国之危。毛遂自愿前往，到了楚国后，他和同行的十九个人谈论起天下大事，头头是道，大家对他的学问和辩才都佩服不已。

平原君与楚平王会谈那天，毛遂按着剑从容不迫地走上了台阶。楚王根本没有把毛遂放在眼里，非常傲慢地要他退下去。但毛遂紧握剑柄，走到楚王跟前，以武力威胁楚王。接着，毛遂根据形势义正词严地分析了楚、赵两国的关系，说明赵国派使臣来缔约联合抗秦，乃是为了救助楚国，而不只是为了赵国自己。

楚王思考了一下，觉得毛遂说得确实有理，就与平原君一起举行了缔约仪式。这样，联合抗秦的大事就圆满完成了。

平原君带着一行人回到赵国后，和人谈起毛遂这次的功劳，感慨万分地说：“毛遂先生一到楚国，就使赵国的地位像九鼎那样的国宝一样尊贵。毛遂先生的三寸之舌，真是胜过了百万雄师！”

从那以后，毛遂得到了平原君的重用，被奉为上宾。

【说文解字】

“三寸之舌”这则成语的意思是毛遂以自己出众的口才完成了使命，形容能言善辩的口才。由同一则故事还延伸出另一个成语“毛遂自荐”，指自告奋勇或自我推荐去做某事。

退避三舍

春秋时期，晋国发生内乱，公子重耳避祸出逃。

有一段时间，重耳住在楚国，楚成王对重耳的人品十分钦佩，完全按照国君的标准来接待他。在一次宴会上，楚成王问重耳：“我待您情深义重，将来公子做了国君，打算怎样报答我呢？”

重耳想了想说：“假如有一天晋楚在战场相见，我将命令晋军退避三舍，作为对您的报答。”

重耳的这番话被一同饮酒的楚国大将子玉听到了。他觉得重耳具有英雄气度，有朝一日回到晋国，一定会对楚国构成威胁。子玉建议楚成王除掉重耳，楚成王说：“现在各国都在广招英雄，我们却要将广有贤名的英雄给杀掉，那还有谁再敢与我们交往，为我们效力？更何况，无缘无故地承担杀害贤良的恶名，代价也太大了。”

十几年后，秦国帮助重耳返回晋国做了国君，重耳即位，称为晋文公。晋文公即位后，励精图治，使一度衰弱的晋国国势好转起来。

公元前633年，楚国组成陈、蔡、郑、许等国联军，攻打宋国。联军很快逼近宋国都城商丘。宋国情势危急，急忙派人向晋国求救。晋国与宋国一向修好，晋文公马上点兵出征，援助宋国。

晋文公见楚军前来迎战，便守约下令大军后退九十里，兑现了退避三舍的诺言。晋楚两军在城濮交战，晋军奋勇作战，战胜楚军，赢得了胜利。

【说文解字】

“舍”字，上部像屋顶梁柱构架的形状，下部代表房屋的墙，因而舍的本义指房屋。《说文解字》说：“舍，市居曰舍。”即“舍”指客人居住的宾馆，所以“舍”也可以作住宿讲。在古代，行军以三十里为一舍，也称一宿为一舍。退避三舍的意思是指主动退兵九十里，比喻主动退让和回避，以免发生冲突。

图穷匕见

战国末期，燕国的太子丹曾在秦国做人质。秦王嬴政很瞧不起他，也不放他回国。后来，终于让他回国，又在途中设计杀害他，但是没有成功。后来秦国先是吞并了韩、赵两国，接着又向燕国进军。为此，太子丹决定派人去行刺秦王。

荆轲是卫国朝歌人，他智勇双全，尤其擅长剑术，游历至燕国后，燕人叫他荆卿，亦称荆叔。太子丹听说荆轲有勇有谋，觉得他是行刺秦王的最好人选，便奉为贵宾，尊为上卿，想让他去刺杀秦王，荆轲满口答应。

荆轲带去了两样秦王想得到的东西：一是从秦国叛逃的将领樊於期的头颅；二是燕国督亢地区的地图，表示燕国愿将这块地方献给秦国。荆轲将两样东西分别放在匣子里，而行刺秦王的匕首，就放在卷着的地图的最里面。临行时，太子丹等人身穿丧服，将荆轲送到易水边。

来到秦国，秦王下令在都城咸阳宫内隆重接见来使。荆轲按照秦王的要求打开匣子，双手捧给秦王。秦王慢慢地展开卷着的地图，快展到尽头时，突然露出一把匕首。荆轲急忙左手抓住秦王的衣袖，右手抄起匕首便刺。

但是，荆轲并未刺中秦王。就在这紧张的时刻，秦王的侍臣突然用药袋投向荆轲，秦王迅速拔出剑来，一剑砍断了荆轲的左腿。荆轲倒地后，将匕首投向秦王，结果未中。荆轲最终被拥上来的卫兵杀死。

【说文解字】

现代汉语“穷”常作贫穷讲，就是没有钱财、经济困难的意思。而古代的“穷”为“尽头”“走到尽头”“完结”的意思。“见”同“现”，由于上古没有“现”字，因而“现”字的意义“显露”“表现”“现成”等全由“见”兼起来，这时，“见”的读音不是jiàn而是xiàn。“图穷匕见”的意思是指将图展到尽头，匕首就会露出来，用来比喻事情发展到最后，真相就会显露出来。

兔死狗烹

相传春秋时期，越王勾践手下有两个极有才华的功臣，一是范蠡，一为文种，他们忠心耿耿地辅佐越王。越王勾践发兵攻打吴国惨败，在范蠡和文种的帮助下，越王勾践才得以积蓄力量，后来一举灭了吴国。

范蠡深知越王勾践为人凶残，侍奉君主打败吴国大任完成后，他便去国离都，舍弃荣华富贵而隐居起来。范蠡惦念好友文种的安危，托人带信给他说："飞鸟尽，良弓藏；狡兔死，走狗烹。你怎么还不跑掉逃避灾祸呢？"文种起初不听范蠡规劝，后来知道越王勾践确实会将功臣杀害，于是装病不去上朝，但为时已晚，勾践最终还是赐死文种。

【说文解字】

"兔死狗烹"，既可用于统治者残杀功臣良将，又可用于普通朋友之间过河拆桥之恶行。

昭然若揭

春秋时，鲁国有个名叫孙休的人，经常同他的老师扁庆子探讨修身处世的学问。一天，他又来到扁庆子家，进门后就唉声叹气地说："我在乡里居住时，不曾被人说过道德修养差；面临危难时，也没有人说过我不够勇敢。可是，我的田地里一直没有好收成，为国家出力也没有遇到圣明的国君，还要被乡里所遗弃，受地方官的欺负，我究竟做错了什么，上天要这样惩罚我呢？"

听完了孙休的抱怨，扁庆子非常同情，安慰他说："你没听说过那些道德修养极高的人的修行吗？他们非常清高，所以对外面发生的事情能视而不见，听而不闻，心中坦坦荡荡，没有杂念，就像生活在尘世之外。而你满脑子想的都是凡夫俗子所关心的事情，想把自己的欲望和才能张扬地表现出来，就像高举着太阳和月亮行走那样清楚而又明白，这怎么能和圣人相比呢？你的身体健康，生下来后没有因为疾病或天灾变成聋子、瞎子、跛子、瘸子，又生儿育女，尽享天伦之乐，这不是已经很好了吗？你还有什么可抱怨的？所以我劝你快回家去吧，别再浪费精力啦！"

【说文解字】

昭然：清楚、明白。揭：高举。这则成语的意思是指事情已经很明显地表现出来。形容事情的真相或本质都已被披露，大白于天下。

逐鹿中原

楚汉争霸时，齐地有个叫蒯通的辩士，认为天下的胜负将取决于韩信，于是假扮看相之名，前去游说韩信。

蒯通见到韩信后，说："将军难道没有听说过勇略震主者身危，功盖天下者不赏的道理吗？将军如今既有震主的威名，又挟难赏的大功，若不自立为王，何处是你的归宿呢？"

韩信听了，连连推辞道："请你不要再说了，汉王待我恩厚，我怎么能见利忘义呢？"于是，韩信谢绝了蒯通的建议。

后来，刘邦依靠韩信灭了项羽。但汉朝建立后，刘邦反而不信任韩信，解除了他的兵权，而后贬职为"淮阴侯"。韩信对此非常不满，暗中联络在钜鹿（今河北省平乡县）驻防的陈豨，待机起事。陈豨不等时机成熟，就提前宣布反叛刘邦。刘邦亲自领兵去讨伐。韩信装病，暗中准备做内应，结果吕后和丞相萧何知道消息后，设计把韩信骗进长乐宫，并以谋反的罪名杀了他。

后来刘邦下令抓来蒯通，要治他死罪，对他说："你鼓励韩信反叛我，我今天杀死你，你还有何话可说？"

蒯通面无惧色，十分镇静地说："人各为其主，那时候我只是效忠韩信，并不是效忠你呀！再说，当初秦朝法度败坏、政权瓦解之时，诸侯并起，这种情形犹如秦朝失去了它的鹿，天下人都来追逐它，谁有本事谁先得到它。与你争天下的人很多，因为力量不够而失败，你尽可以杀掉他们！如今你要杀我就动手吧。"刘邦听了蒯通的这一番话，觉得也有道理，便赦免了他的死罪。

【说文解字】

鹿浑身是宝，是一种珍贵的动物，中国历史从商王武丁开始的"逐鹿"活动，备受历代统治者喜爱，因而将鹿喻为"帝位""国家政权"。"逐鹿"之举便成为历代政治家争夺政权的代名词。这则成语的意思是指群雄并起，争夺天下，比喻很多人为夺取政权而争战。

第十一章　俗语故事

破天荒

人们常用“破天荒”来形容从来没有过、第一次出现的事物，但在古代，常用“破天荒”来比喻某人平日里默默无闻，如今却突然得志扬名。唐代规定，凡是考进士的人，都要由地方政府护送进京，参加考试。

荆南是一个士绅汇集之地，但是每年护送进京的举人，都没有考上进士的，一连几十年都是这样。人们讥笑荆南的文化落后，戏称那里为“天荒”。

唐宣宗大中四年（850），有个叫刘蜕的考生终于考中了进士，荆南士绅十分得意，认为这是破了天荒。大家集资钱七十万向刘蜕表示祝贺，刘蜕收下银钱，写信感谢乡亲的厚意，同时也表示自己不同意“破天荒”这个说法。他认为荆南距京城不过一千多里路，怎么能说是天荒呢？但不管刘蜕怎么认为，“破天荒”这个词还是流传开来。

【语林撷珍】

对着水缸吹喇叭——有原因（圆音）

垛泥匠不拜佛——心里有底

鹅卵石放鸡窝——混蛋

恶狗咬天——狂妄（汪）

饿着肚子造反——借机（饥）闹事

铜臭

汉灵帝时，朝廷公然张榜出卖官职，钱多买大官，钱少买小官。当时一些名士本来已经很有地位，但也不得不随波逐流，花大价钱买高官做。当时有个叫崔烈的人也花了五百万钱，买了个司徒（东汉时以太尉、司徒、司空合称“三公”，是当时的最高长官）。到封崔烈为司徒那一天，百官齐聚，灵帝也亲自出面，好不热闹。灵帝还对亲信说：“这个官职卖得太便宜了，应该卖一千万。”

崔烈当了司徒后，声誉却不如从前。日子一久，他自己也有所察觉。有一天，他问儿子崔钧：“我现在位居三公，人们对此有何看法？”崔钧说：“您老人家过去名声很大，人们议论您不是没有三公才能，但现在您登上此位，天下人都很失望。”崔烈问：“为什么会这样呢？”崔钧回答：“他们说您这个官职带着铜钱的臭气。”崔烈大怒，举起拐杖去打崔钧。崔钧见父亲打来，拔腿就跑。崔烈骂道：“坏家伙！老子打你还跑，简直是不孝之子！”崔钧说：“古时舜对待父亲，小的责打就承受，大棍子打来就逃走，不能叫不孝。”崔烈心中惭愧，不再追打崔钧。

后来，人们便用“铜臭”讥讽有钱的人或谴责金钱交易下的各种肮脏勾当，如果骂一个人太爱钱，则称为“充满了铜臭气”。

【语林撷珍】

冬天种麦子——怪哉（栽）

冬天坐长椅——坐冷板凳

斗笠出烟——冒（帽）火

肚脐打呵欠——妖（腰）气

肚子里磨刀——内秀（锈）；秀（锈）气在内

老好人

东汉时期，有个名叫司马徽的人，很善于识别人才。但由于当时政治斗争十分尖锐复杂，他就装糊涂，别人无论和他讲什么，他都回答“好”。人们送给他一个雅号：“好好先生”。

这天，“好好先生”正在家习字作画，家奴来报说乡人来见，司马徽一听高兴地说了句:“好!”

刘员外一进门就哭丧着脸,司马徽问:“你今天可好呀!”

乡人的儿子因在外面胡作非为,杀了人,被官府抓住,押进死牢,就等秋后问斩了。他听说司马徽为人不错,朋友也多,让他给想想办法,于是对司马徽说:“我儿不孝,犯了王法。”

司马徽没听完话就接口说:“好。”

乡人一听,强压怒火继续说:“现在被押在死牢,秋后问斩。”

司马徽说:“大好。”乡人气得转身就走。

这时,司马夫人上前劝道:“别的事说好无妨,人家儿子要死了,怎可说好。”

司马徽一拍大腿:“夫人,你这话说得再好不过了。”

现在多以“老好人”来形容那些是非不分,不敢得罪人,只求平安无事的人。

【语林撷珍】

火烧大梁——长叹(炭)

火烧莲花寺——妙哉(庙灾)

火烧字帖——自然(字燃)

鸡公头上的肉——大小是个官(冠)

脊梁骨上长茄子——生了外心

捉刀

“捉刀”是指请人代笔作文,关于它的由来,还有一段历史故事。

三国时,曹操统一北方后,各少数民族部落纷纷归附。

有一次,匈奴派来的使者要见曹操。曹操考虑到自己的相貌丑陋,就叫仪表堂堂的武官崔琰冒充他代为接见,为的是使匈奴使者见而生畏。接见时,崔琰穿戴了魏王的衣帽,比平时更有精神。曹操自己却佩着刀,毕恭毕敬地站在崔琰的座位旁,装作侍卫的样子,从旁观察匈奴使者的态度。

接见过后，曹操还想知道匈奴使者的反应，便派人去暗暗打听。

派去的人听见使者对身边的人说："魏王仪表固然出众，可是那个座旁捉刀人，看来倒真是一位了不起的英雄哩！"

后来，人们称代人作文为"捉刀"。例如请人代写文章，就叫"请人捉刀"；替人作文的人，就叫"捉刀人"。现在流行把替考人叫"枪手"，把请人代考叫作"请枪手"，与"捉刀"的意思相差不多。

【语林撷珍】

错把洋芋当天麻——不知好歹；好歹不分

打柴的下山——担心（薪）

打掌的敲耳朵——离题（蹄）太远

大树上吊个口袋——装疯（风）

捣蒜槌子打鼓——懂（冬）

人心不足蛇吞相（象）

从前有个书生，见路边有条快要冻死的小蛇，便带回家悉心照料。开春后，书生将蛇放回山里，正要回家，忽听蛇张口说道："谢相公救了我的命，我别无报答，只保佑今年科考相公高中状元。"

书生果然中了状元，衣锦还乡。他来到放蛇之处跪倒在地，口中念念有词："多谢蛇仙相助。"忽然，眼前出现一条大蟒，对书生说："救命之恩，永世难忘，相公若想当个一品大官，可将我的眼珠拿去献给皇上，定可如愿。"书生一听，心中暗喜，但口中道："万万不可，万万不可如此行事。"蛇仙说："若不是相公救我，哪有我的今天，快拿去吧。"推辞再三，书生还是动手挖了蛇眼，原来是颗夜明珠。

书生把夜明珠献给皇帝，皇帝大喜，马上封他为一品宰相。不久太后得病，久治不愈。皇帝下诏："谁能治愈太后，官封九千岁。”宰相心里一动：“若找蛇仙帮忙，定能治愈太后，到时我就是一人之下，万人之上的九千岁了。”

宰相又找到蛇仙，说明来意。蛇仙见此人如此贪婪，无可奈何地说：“太后的病只有我的心上肉能治，你来取一点吧。”说完张开大嘴，等宰相进去。宰相一听狂喜，赶紧钻入蛇嘴，竟欲割下大蟒全部心肝。大蟒疼痛难忍，用力把口一闭，宰相就此葬身蛇腹。

“人心不足蛇吞相”这句话俗语就由这个传说而来。它告诉人们，做人太过贪婪，没有好下场。这里的“相”本来是宰相的“相”，后来被人们传成了大象的“象”，这种说法更加形象，是说人的贪心之大，就像是小蛇要吞掉大象一般。

【语林撷珍】

池塘里摸菩萨——劳（捞）神

臭虫爬到拜盒里——抓住理（礼）了

出国的大轮船——外行（航）

厨子回家——不跟你吵（炒）了

锄头刨黄连——挖苦

圈阅

“圈阅”一词现在已很常用，它给人们的印象是文件已经领导审查，意味着权威。

自三国时起，我国就有在文字和契约上签字署名的做法，以表示某人的身份，史书上称为“押”。唐宋时期，改变了过去署全名的做法，臣僚们在进呈公文或传阅书牍时，只书写上自己的字，表示“阅过”之意。

1069年，王安石任参知政事，每天都要接触大量的公文、呈文。按照惯例，每次阅过文牍后，王安石都要写上一个“石”字。由于文牍多，他的性子又比较急，且不太注意书写规范，因此，这个“石”字在写了一横一撇以后，干脆把剩余的“口”字画成了圆圈。据史书记载，他作圈多不圆，往往窝扁，又多带过，因此，给别人造成了很多麻烦。为了让同僚知道自己的习惯，在一次议政会之前，王安石将“阅毕”文牍的符号告诉了大家，即一横一撇后加一个圆圈。事隔不久，他又索性把横、撇去掉了，仅仅将那个圆圈保留，时间一长，其他同僚竟纷纷效仿，久而久之便演变成了“阅毕”文件的特殊符号。

时至今日，有些单位仍然流行这种“圈阅”的格式，有人在文件上签上自己的姓名，然后在上面画个圈，表示他已经阅过。

【语林撷珍】

擀面杖升云天——诽谤（飞棒）

缸里盛酒——不在乎（壶）

隔门缝吹喇叭——名（鸣）声在外

隔着门缝看吕洞宾——小看贤（仙）人

给刺儿头理发——难题（剃）

名堂

明堂是上古时候帝王会见诸侯、接见长者的地方。祭天敬祖、封官行政、立学讲课等活动，也都在这里举行。

相传汉武帝有一次登临泰山，看见山上有一处古时明堂遗址，他一时雄心大发，便要在这片遗址上造一座新的明堂，以显示自己的文治武功。可是，明堂的建造方法很早就失传了，文武百官从来没有见过明堂是什么样儿，也就只好作罢。

唐朝武则天时，由于国势强大、经济繁荣，加上武则天本人好大喜功，重建“明堂”的事又提了出来。武则天让大臣各自上书献策，谈谈明堂是什么样的。没过多久，有人写了《黄帝明堂经》三卷献给武则天，上面绘有巍峨的正殿，四面是清水环绕，空中有响屧木铺成的复道通到岸上，非常豪华。

武则天看后感到很高兴，准备照此动工。大臣刘允济怕修造明堂劳民伤财，于国无利，就写了一篇《明堂赋》，讥讽那人不知搞的什么“明堂经”，明堂经里也不知弄的什么“明堂”，纯属子虚乌有，胡说八道！

不久，这事流传开来，人们就将稀奇古怪别出心裁的东西称作“搞什么明堂”，慢慢地写成了“名堂”。

【语林撷珍】

观音菩萨年年十八——妙龄（庙灵）

官老爷下轿——不（步）行

光头上拍巴掌——正大（打）光明

锅台上的油渣——练（炼）出来的

怀里揣黄连——辛（心）苦

牺牲

牺牲是指为了正义或者其他的利益而舍弃自己的利益甚至生命。而在古代，它指祭祀仪式上的牲畜。

“牺”是指在宗庙祭祀的纯色的家畜。“牺”为祭牲之专名。“牺牛”就是纯色的牛。《礼记·曲礼下》：“天子以牺牛，诸侯以肥牛。”这是说，古代礼制，祭祀天子要用纯色的牛，诸侯则要用肥壮的牛。“牲”指供祭祀的家畜。全体的牛、羊、猪叫作“牲”。对于祭祀祖先的飨宴，不仅要毛色纯（牺），而且要整只的（牲）。从这里可以看出古人对于祖先的飨宴，是非常隆重而讲究的。牲畜，指人饲养的动物，如“家畜”“农畜”，含义较广泛。古时有所谓“三牲六畜”。“三牲”指猪、牛、羊；而“六畜”，则包括鸡、犬、猪、牛、马、羊。古时常用“五谷丰登，六畜兴旺”以形容农之丰年。据郑玄注：“始养之曰畜，将用之曰牲。”这便是说，刚开始饲养的牲口叫“畜”，养壮大而可宰的叫作“牲”。

由此可见，“牺牲”的现代义在古汉语中是没有的，这个现代义是根据古代宰杀牛羊猪以供作祭祀这一事而引申出来的。

【语林撷珍】

肥脚螃蟹——大家(夹)

风扫杨花——下落不明;不知下落

甘蔗地里长草——荒唐(糖)

肝脏的兄弟——窝囊废(肺)

赶鸭子上坡——各顾各(咯咕咯)

眼中钉

人们常用“眼中钉”这个词来形容极为仇视的人。这个词的来历,还有一段有趣的历史故事。后唐唐明宗的时候,有个叫赵在礼的人,担任宋州的节度使,掌握着地方的军政大权。他依仗自己的权势,欺压百姓,搜刮民财,干了许多罪恶的勾当。宋州的人民吃尽了苦头,对他恨之入骨。

后来,他想调离宋州,到富裕的永兴做官,于是用钱贿赂自己的上司。宋州的老百姓听到这个消息后非常高兴,互相庆贺说:“赵在礼走了,好像拔掉了眼中的一颗钉子,这真是咱们百姓的福气呀!”

不料,这话传到赵在礼的耳朵里,气得他暴跳如雷,于是赶紧修书一封上奏皇帝,请求继续留在宋州。皇帝还以为他深得民心,百姓挽留他呢,所以就答应了他的请求。这样一来,宋州的老百姓却遭了殃。赵在礼下令,让宋州的老百姓每人交一千大钱,作为“拔钉钱”,不然就要被抓起来,关进监狱。宋州的百姓只好暂时忍受着赵在礼的淫威,但他们心里时刻在憎恨着这“眼中钉”。

此后,人们便常用“眼中钉”来比喻心目中最痛恨、最厌恶的人。

【语林撷珍】

馋嘴巴走进药材店——自讨苦吃;自找苦吃

唱戏的穿玻璃鞋——名角(明脚)

晁盖的军师——无（吴）用

炒了的虾米——红人（仁）

炒咸菜不放盐——有言（盐）在先

狗咬吕洞宾

“狗咬吕洞宾”是“苟杳吕洞宾”的谐音演变。苟杳与吕洞宾是同乡，苟杳少年家贫，吕洞宾与其结拜为兄弟，经常周济他。后来干脆把他接到自己家中读书，以求取功名利禄。

一天，吕洞宾的一位林姓朋友来访，见苟杳仪表堂堂、一表人才，便想把妹妹许配给他，但吕洞宾并不同意这桩婚事。苟杳得知此事后动心了，极力恳请吕洞宾为他做媒，吕洞宾略加思索后，要苟杳答应一个条件：“林女须先陪我三天。”苟杳咬牙答应了。待三天期满，苟见新娘，新娘哭说：“郎君为何三夜都是天黑才来，埋头读书至天明便去？偏让我独守空床！”苟杳顿时作声不得，良久悟及，原来是吕洞宾以此告诫自己莫因贪欢而误了读书。于是谨记在心，终于考取功名做了官。

几年以后，吕家失火落难，吕洞宾便去找苟杳求助。不料苟杳将吕洞宾留在家中，天天设宴相待，都一个多月了，苟杳一直未提资助之事，吕洞宾愤然离去。由于没有盘缠，路上乞讨时，获一人同情，赠送银子，才解了途中之窘。

吕洞宾回到家里，旧址上竟然新屋屹立，妻子正披麻戴孝，抚官守灵。细问起来，原来是苟杳派人建造新屋，并送来棺材，说吕洞宾已客死异乡。吕洞宾撬开棺材，里面装有金银还有一封信。信云：“苟杳不是负心郎，路送银，家盖房。你让我妻守空房，我让你妻哭断肠！”至此，吕洞宾方恍然大悟，哭笑不得。从此，吕苟两家更加亲近。

【语林撷珍】

脖颈上拴头驴——不是正庄（桩）

补锅匠栽跟头——倒贴（铁）

擦火柴点电灯——其实不然（燃）

裁缝的肩膀——有限（线）

茶壶里泡豆芽——受不完的勾头罪

借光

“借光”一词，现在已经成了人们普遍使用的礼貌用语。人们把请求别人提供某种帮助和从别人那里分享某种荣誉称作“借光”。

相传，战国时期，秦国有个叫甘茂的大臣，因遭奸臣诬陷，不得已逃往齐国。

当甘茂逃出秦国的边境时，正好遇到了著名的纵横家苏代。苏代问甘茂要到哪里去，甘茂没有直接回答，而是给他讲了一个“借光”的故事。

据说，有一个村子里住着许多人家，每天晚上，各家的姑娘们都会聚在一起，把各自带着的点灯的油倒进一盏大灯里，一起在灯下做针线活。而其中有一个穷姑娘，出不起灯油。其他姑娘就讨厌她，准备把她赶走。穷人家的姑娘却对大家说：“我确实不能拿灯油来，但是，如果我每天早点赶到这里，大家回家时又晚点走，这样就可以帮助大家打扫一下屋子，安置一下桌凳，尽心尽力为大家做点事情，为你们提供方便，你们为什么还吝惜这照在四周墙上的一点余光呢？如果借点光给我，我同你们一起做针线，是绝对不会妨碍到你们的。”姑娘们觉得她说的话很有道理，就把她留下了。

苏代听了甘茂的这个故事后，明白了他的意思。于是他们二人一齐去了齐国，苏代在齐王面前极力推荐甘茂，最终，齐王拜他为上卿。

【语林撷珍】

车上拉客——宰（载）人

扯着胡子打秋千——谦虚（牵须）

城隍爷掉井里，土地爷扒头看——不敢劳（捞）驾；劳（捞）不起大驾

吃了一包回形针——肚子委屈（曲）

吃香蕉剥皮——吃里爬（扒）外

偏袒

所谓偏袒，就指偏向、袒护。相传，这个词的来历还有一段故事。

周勃是汉高祖刘邦手下的一员勇将，此人在军中威望甚高。刘邦临死时，生怕有人想篡位夺取刘氏天下，因而对周勃厚爱有加，曾对人说道："安刘氏者，必勃也！"

刘邦死后，吕氏专权，大封吕姓子侄为王，大力培植吕姓的势力。想到高祖刘邦的重托，周勃决心夺过吕氏的兵权，恢复刘氏的帝业。

经过周密策划，一天，周勃把军士们召集在一起，宣布自己诛吕扶汉的主张。他对士兵们说："凡是拥护吕氏的，就脱掉袖子，露出右臂；凡是拥护刘氏的，就露出左臂！"周勃的话音刚落，兵士们都齐刷刷地露出了左臂，表示拥护刘氏，听他的指挥。经过周勃等人的努力，很快吕氏就垮台了。

偏袒一词就是这样来的。偏是偏向一方的意思，袒是裸露的意思。现在使用这个词，它的意义当然不是"露出左臂"了，而是在它原意的基础上，引申出"偏向"的意义。

【语林撷珍】

按别人的脚码买鞋——生搬硬套

熬尽了灯油——烧心（芯）

鏊子上烙饼——翻来翻去

八个老汉划拳——三令五申（伸）

润笔

“润笔”一词即是古代稿费的说法。相传这个词的来历还有一段故事。

隋朝有一个名叫郑译的人，曾为隋朝的建立立过汗马功劳。隋文帝杨坚即位时，便对这位开国功臣委以重任。

可是郑译居功自傲，玩忽职守，对父母又不孝顺，被文帝降职，最后又被贬为平民。

后来，隋文帝要重修法令，又想到郑译的才干，觉得郑译仍然可用，便重新征召他入宫，并在宫里设宴款待他。席间，隋文帝对郑译说：“你被贬已经有很长时间了，我心里有些过意不去，想重新起用你。”于是便下令恢复郑译的官职，授沛国公爵位。

郑译对此十分感动，忙跪谢皇恩，并举杯提议祝隋文帝万寿无疆。隋文帝乘兴命内史令李德林立即写诏书让他上任。

在一旁陪宴的丞相高颎看了看他们，笑着说道：“笔太干啦，要润润笔哩！”意思是，写委任状也得给人一点好处费呀！

郑译一听，很快明白了高颎的言外之意，马上笑答：“我削职为民已经有很长时间了，拿什么来润这干笔呢？”

一语既出，隋文帝和众臣都哈哈大笑，宴席气氛更加活跃。“润笔”一词从此便流传开来。

后来，人们就以润笔来比喻请人作文和书画的酬劳，并成为一种书面用语。

【语林撷珍】

背手上鸡窝——不简单（捡蛋）

背着醋罐子讨饭——穷酸

鼻梁上推小车——走投（头）无路

鼻子下面挂电灯——闻名（明）

冰库里点蜡——洞（冻）房花烛

媒人

媒人，最早写作“霉人”。很久以前，在山的两边有两个村庄，一个叫南庄，一个叫北庄，这两个村庄相距很远，所以很少有来往。

南庄有一个青年叫赵景，朴实能干。北庄有一个姑娘叫阿彩，聪明美丽。

有一年，这二人在一位好心老汉的撮合下认识了，后来相爱结了婚。

婚后，赵景和阿彩恩恩爱爱，日子过得十分美满。夫妻俩非常感激这位老汉，总想找机会报答他，可是这位老汉去了远方，怎么也找不着。夫妻俩经过一番商量后，决定由心灵手巧的阿彩动手，用米粉为老人塑了尊像作为纪念。

塑像放在哪里比较安全呢？他们想来想去，最终决定将这尊塑像藏在一个柜子里，决定每到他们结婚纪念日时，就取出来跪拜一番。

谁知，到了他们结婚纪念日那天，打开柜子一看，这尊用米粉雕的像已经发霉变质了，成了一个霉人，于是便亲切地称呼那座塑像为“霉人”。

村里人很快便知道了这件事，一传十，十传百，人们便将男女婚姻的介绍人称为“霉人”。

后来，人们觉得“霉”字不雅，也不吉利，就把“霉人”改称为“媒人”，取“媒”字为“媒介”的意思，一直流传了下来。

【语林撷珍】

鳄鱼挂念珠——冒充善人

鳄鱼上岸——来者不善

耳朵眼里下棋——摆不开阵势

二两棉花十张弓——谈（弹）不得；无法谈（弹）

东道主

春秋时期，有一次，晋国和秦国的联军包围了郑国。大军压境，郑国危在旦夕。这时，有人向国君郑文公献计说："晋国国君重耳攻打郑国是依仗着秦国的威力，如果派人说服秦国收兵，晋国自然也就退兵了。"郑文公认为他说得极有道理，就派了国中能言善辩的烛之武去说服秦国退兵。

当天夜里，烛之武偷偷地用绳子从城上缒下去，来到秦国。他见到秦穆公便问："秦晋两国军队包围了郑国，郑国朝不保夕。可是，郑国灭亡了对秦国又有什么好处呢？从地理位置上看，郑国在晋国的东边，秦国在晋国的西边，秦郑之间隔着晋国。郑国即使被打败了，其土地也只能被晋国占领，秦国捞不着任何好处。您仔细想想，秦国替别国打仗，为人家争得领土，自己得不着好处还削弱了力量，这是何苦呢？"一番话说得秦穆公沉默不语。烛之武又进一步说："如果留下郑国，让它作为'东道主'（东方路上的主人），秦国的使者往来东方，也有个落脚之地，让他供应秦使缺乏的东西，还能借其限制晋国的扩张，对秦国来说不是有百利而无一害吗？"秦穆公被说动了，同意与郑国结盟，撤回了围郑的大军。果然，秦国一撤军，晋国也就跟着撤军了。

从此之后，"东道主"一词便流传开来，应邀的宾客便以"东道主"来称呼主人。

【语林撷珍】

挨鞭子不挨棍子——吃软不吃硬

挨打的狗去咬鸡——拿别人出气

挨了巴掌赔不是——奴颜媚骨

挨了刀的肥猪——不怕开水烫

挨了刀的皮球——瘪了

丁是丁，卯是卯

隋朝末年，隋炀帝为招徕天下英雄，举行了一场比武大赛，各路英雄云集京城，经过重重较量，罗成夺了头名。监考官杨林见罗成相貌堂堂，武艺出众，想收他做干儿子。罗成不愿认奸臣杨林为父。杨林一气之下，便诬陷罗成，说他想要谋反，将他关进大牢。罗成的结拜兄弟程咬金闻讯赶来营救，也中了杨林的埋伏，被捉了起来。

那天，观看比武的有一位沙陀国公主，她倾慕罗成的为人，见罗成入狱，就想营救他出来。一天夜里，沙陀公主在杨林的密室偷出一支令箭，赶到狱中去救罗成，罗成拿到令箭一看说："公主，这是银钺卯时令箭，我们可以出牢房，却不能逃出城。你要盗得一支金钺丁时的令箭才行，丁是丁，卯是卯，不能蒙混的。"公主一听，又返回杨林处，想尽各种办法，又盗来一支金钺丁时令箭，使得罗成等安全出城。

"丁是丁，卯是卯"便由这个故事流传开来。现在，"丁是丁，卯是卯"这句话常用来形容办事认真，一点都不含糊、不通融。

【语林撷珍】

耕地里甩鞭子——吹（催）牛

公鸡头上插鹅毛——一语（羽）双关（冠）

狗怕棍子牛怕鞭——一物降一物

故宫里插杨柳——树（竖）不起来

关公打喷嚏——自我吹嘘（须）

第十二章　汉字的应用趣话

白话电报的妙处

20世纪30年代，胡适在北京大学讲课时，对白话文的优点大加赞扬。

有一次，胡适讲白话文的优点讲得正起劲，一个学生突然站起来说："胡先生，难道白话文就没有丝毫的缺点吗？"胡适微笑着说："没有。"那学生反驳说："肯定有的！白话文语言不够简练，打电报用字多，花钱多。"

胡适慢条斯理地说："不一定吧。前几天行政院有位朋友给我打来电话，邀我去做行政院秘书。我不愿从政，决定不去。为这件事我回了个电报给他。电报是用白话文写的，看来也很省字。请同学们根据刚才我说的这件事，用文言文写一则回电，看看究竟是白话文省字，还是文言文省字。"

十五分钟后，胡适从同学们拟的电报中挑选出一则用字最少的文言文电报稿。那则电报是这样写的："才疏学浅，恐难胜任，不堪从命。"

胡适评论说，这则电报只有十二个字，确实简练，但白话文电报只需要五个字："干不了，谢谢。"胡适解释说，"干不了"，就含有才疏学浅、恐难胜任的意思；"谢谢"，既对友人的费心介绍表示了谢意，又暗含拒绝的意思。

在事实面前，同学们都明白了白话文的好处。

【知识链接】

新文化运动中，胡适反对文言文，提倡白话文。他以创作许多白话诗歌实践着自己的文学主张。胡适写了首诗《朋友》，据说是我国第一首白话诗，发表于1917年2月号《新青年》杂志上，诗题改为《蝴蝶》:“两个黄蝴蝶，双双飞上天。不知为什么，一个忽飞还。剩下那一个，孤单怪可怜，也无心上天，天上太孤单。”这首诗意象清新，诗意浅露，在古诗今诗的交界处是一次大胆的尝试，所以后来胡适干脆把他的白话新诗集命名为《尝试集》，打响了中国白话文运动的“文化解放第一枪”。

今夕何夕

相传某地有个风俗，凡男女结婚要吵房三夜。某老者为儿子完婚，客人已经连续闹了两晚，第三晚吵得更欢。有人提议由新郎出句让新娘子对。只见新郎成竹在胸，朗声念道：“两夕为多，今夕何夕？”巧用拆字法，两个“夕”为“多”字，寓意已吵房两夕，吵得够多了。

新娘沉吟片刻，款款念道：“三心共惢，将心比心。”对仗十分工巧，意指众人应体谅我们新婚夫妇劳累，吵房适可而止吧！可是众人仍不罢休，有人还取笑说：“‘橤’字没有个草头，应该是‘惢’字。”这时，公公出来为儿媳解围了，他笑呵呵地说：“诸位，不是已经说‘没有草（吵）头’了，何必还要草（吵）呢？”他巧用谐音，妙语双关，逗得众人捧腹大笑，客人们个个点头称许，心悦诚服地道别回家了。

【趣味解读】

《诗经·唐风·绸缪》有“今夕何夕，见此良人”，“今夕何夕，见此邂逅”，“今夕何夕，见此粲者”。《绸缪》是周朝贺新婚的民歌，全诗以戏谑口吻，反复使用“今夕何夕”来庆贺和赞叹良宵美景及幸福的爱情。新郎引诗入联，典雅含蓄，且切情切事，十分得体。

启功的妙语

启功先生生前曾任北京师范大学博士生导师，深受全校师生的崇敬和爱戴，见面时大家总尊称他为“博导”。对此，启功先生曾自我调侃道："老朽垂垂老矣，不仅一'拨'就'倒'，还一'驳'就'倒'。"他根据自身年迈体衰的生理特征和自谦的风格，巧用谐音，把"博导"自嘲为"拨倒"和"驳倒"，机智中不乏幽默。

还有一次，启功先生应邀外出讲学，主办单位领导致欢迎辞："请启功先生做指示。"启老接过话茬说："我是满族人，历史上称为'胡人'。所以，我要讲的话根本不是指示，完全是地地道道、不折不扣的'胡言'！"

【妙趣横生】

启功的幽默

启功先生有一次路遇几位学子，大家问道："先生最近怎么样？"启功答："不好，鸟呼了。"众人疑惑不解。启功先生解释道："三场大病，差一点乌呼了，乌字不是鸟字差一点吗？"众人不禁称妙，感叹启老不愧为语言文字大师。

《论语》中没有"此"字

相传，清代乾隆皇帝一次下江南私访，遇到一个孩童。乾隆问道："读过《论语》吗？"答曰："读过。"乾隆意欲考考这个孩童，当即指着一堵墙上"此巷不通"四个大字问道："你认识这些字吗？"孩童说："只认识三个字。""哪三个呢？""'巷、不、通'，头一个字不认识。"

乾隆颇觉意外，进而问道："既念过《论语》，怎么不认识头一个字呢？"孩童沉思片刻，满怀信心地说："《论语》里'不'字有好多个，'通'字只一个，'巷'有两个，就是不见头一个字。"随后，孩子将《论语》中含这三个字的句子流利地背了一遍。乾隆见孩童背诵得如此娴熟，深为诧异！

回京后，乾隆找来《论语》认真地查阅了数遍，"不"字随处可见，"通"字确实只有一个，"巷"也只出现两次，"此"则杳无形迹。

次日上朝，乾隆面对满朝文武，问道："众位爱卿，你们说《论语》中有没有'此'字？"大臣们异口同声："哪会没有'此'字呢？这是个极为普通的字啊！"乾隆显出不悦的神色说："大家都回去查查，谁若在《论语》中找出'此'字，官升三级！"大臣们煞费苦心，谁也未能查出。

【趣味解读】

《论语》中为何没有"此"字呢？明末清初学者顾炎武曾在《日知录·檀弓》中说过："《论语》之言'斯'者七十，而不言'此'。《檀弓》之言'斯'者五十有三，而言'此'者一而已。《大学》成于曾氏之门人，而一卷之中，言'此'者十有九。语音轻重之间，而世代之别，从可知已。"这说明词语的使用具有一定的时代性，"此"这个指示代词在孔子时代还未被孔子及其门人使用。

自命不凡的秀才

从前，有个秀才自命不凡，平时爱在众人面前卖弄学问，说起话来，总是"之乎者也"不离口。

有一次，秀才的母亲对他说："你舅舅病得很严重，快去看望一下！"秀才满口答应，立即启程前往。

不多时，秀才就到了舅舅家，他来到床前，看了看说："舅舅有病我才知之。"

舅舅躺在床上，听后感到十分刺耳，不加理睬。

秀才见舅舅默不作声，怕他没听清楚，便提高嗓音说："舅舅，进粥乎？进水乎？"

舅舅又懒于回答，也不看他，干脆闭目养神。

秀才见此情景，弯下腰来仔细盯着舅舅，叹息道："声色不动，莫非是要死者？"

舅舅一听，火冒三丈，顺手抄起枕头，向秀才扔去，呵斥道："混账，你来干什么？莫非要用卖弄斯文来气死我不成？赶快滚出去！"

秀才抱头而逃，边跑边喊：“哎呀呀，一枕飞来好险也！”

【趣味解读】

“之、乎、者、也”是常见的文言虚词。“之”常用作代词和助词，可以用于句中，也用于句末。“者”常用作特殊指示代词，也可以用作助词，或表停顿，或表疑问。“乎、也”通常用于句末，表示陈述和疑问语气。

加“者”添“而”的魅力

宋代的范镇，曾与著名文学家宋祁同赋《长啸却胡骑赋》。范镇诗成后，宋祁见他破题为“制动以静，善胜不争”，惊叹其妙，但是，宋祁还是提出了一点意见：

“你写的赋好极了，只是破题两句缺少顿挫的功效，每句内各添一个‘者’字怎么样？”

范镇高兴地接受这个建议，于是将破题两句改成：制动者以静，善胜者不争。

北宋重臣韩琦，相州安阳（今河南安阳）人，官至宰相，名重一时。神宗即位后，韩出判相州，建“昼锦堂”，欧阳修为之作赋，开头一句说：“仕宦至将相，富贵归故乡。”韩公喜得此记，十分爱赏。

过了几天，欧阳修派了一使臣另外拿来一篇《昼锦堂记》，说：“前篇有不妥的地方，可换这篇。”韩公再三玩味，觉得新篇和原篇没有什么不同的地方，只是在“仕宦”和“富贵”的后面各添了一个“而”字，使得文字更为畅达。

【趣味解读】

“制动以静，善胜不争”中间各加一“者”字妙在何处？第一，“者”后面可停顿一下，读起来更有节奏感。第二，加“者”后，构成名词性短语，可以充当主语或其他成分，使句意更为明确。“而”是个使用频率很高的文言虚词，它常置于动词与动词短语之间，起连接作用。

滥用“而、了”

从前，一个考生的试卷上用了很多“而”字，多有不妥之处。考官便批示道：“当‘而’而不‘而’，不当‘而’而‘而’，而今而后，已‘而’已‘而’。”意思是：“应当用‘而’的地方却不用‘而’，不当用‘而’的地方却又用了‘而’，从今以后，停止乱用‘而’，停止乱用‘而’。”

旧时有个私塾先生，虽饱读诗书，却不太通事理，是个迂夫子。

他的门生中，有个人写文章时爱用“了”字，塾师每读其文，总嫌啰唆。有一次，这学生撰写一文，虽然不长，却用了五十多个“了”字。塾师一边批改，一边摇头。改毕，心情难以平静，于是写了一个批语：

“你用的‘了’太多了！‘了’快被你用光了。为了不把‘了’用光了，今后不要用‘了’了！”

后来，一位游学先生见了，又写了一个总批：

“师用‘了’，生用‘了’，‘了’多的毛病怎改了？别改了，别改了，反正‘了’字用不了。”

【趣味解读】

在考官的批语中，其中未加引号的“而”为转折连词，译作“可是”；“而今、而后”为连词性结构，一般用来表示前后两件事情的承接关系，偏于时间方面。加引号的六个“而”都用如动词，意即“写而”或“使用而”；“已而”即停止（不要）滥用“而”。

学生作文爱用语气词“了”，塾师短短批文中则用了九个“了”字，游学先生的总批中，也是“了”字累累，这则笑话有助于我们正确使用“了”字。

高兴的虚字眼

古时候，一位教书先生给学生讲《论语·学而》篇。当讲到

"子曰：'学而时习之，不亦说乎"这句时，教书先生逐字解释道："子，孔子；曰，说；学，学习；而，虚字眼；时，时常；习，温习；之，虚字眼；不，虚字眼；亦，虚字眼；说，高兴；乎，虚字眼。"

教书先生讲完，随即问道："这几句很简单，你们听懂了吗？"

"听懂了——"学生拉长声音一同回答。

老师听后，满脸笑容，随意指点一个学生说："你将这些词连起来讲一遍。"

这个学生站起来，摇着身子，晃着脑袋，一本正经地讲道："孔子说，学习虚字眼，时时温习虚字眼，虚字眼，虚字眼，虚字眼，高兴的虚字眼。"

【妙趣横生】

滥用虚词的结果

有个人给他外出的兄长写了一封信。信的大致内容是，邻居有一人患疾病而死，市上肉价大涨；家中用工不足，新雇一人充当，兼之嫂嫂即将分娩。

那人好用虚词，在给兄长的信中写道："邻居死了一人，其肉卖至一百七八十。家中新添一佃户，嫂嫂所以肚子又胖矣。"

弟弟的信中，由于用了一个"其"字，又用了一个"所以"，他的哥哥大为惊奇，即刻回信说："家丑不可外扬，人肉岂容乱卖？"

改联励志

清末广东郁南有位读书人，叫杨盘石，能诗善对，幽默诙谐。一年的除夕之夜，吃年夜饭时，杨盘石在爆竹声中走到外边，忽然看见有户人家贴出了副奇特的对联：

平生好吃新鲜米，

品性不烧隔夜柴。

杨盘石看出，这是穷困人家，没有存米，也没有存柴。但这米和柴又从哪里来呢？一打听原来家里只有一个年轻人，是个孤儿，习惯于偷鸡摸狗。没吃的了，去偷，还说是“好吃新鲜米”；没烧的了，也去偷，还说是“不烧隔夜柴”。乡亲们好言规劝过多次，他总是当耳旁风，听不进去。

杨盘石听罢，心里很不是滋味。他赶紧回家找了纸笔，写了几个字，让人去贴盖在原来的春联上。

第二天一早，孤儿家门前围了好些人，这年轻人出门来仔细一看，原来对联变成：

勤劳可吃新鲜米，

致富常烧隔夜柴。

这时，杨盘石走来，递给他一个大红包说：“年轻人要自食其力，这才是长久之计。这里有点钱财，你拿去做个小买卖吧！”从此，年轻人洗心革面，重新做人。

【妙趣横生】

梁启超妙手对联

清朝末年，一次维新派领袖康有为过生日，维新派为了宣传新政，扩大影响，在北京隆重举行祝寿仪式，各界人士赠送的寿联不少。其中有这样一副：“国家将亡必有，老而不死是为。”上下联的最后一个字各有“有”和“为”，恰是康有为的名字。这是顽固派故意引用四书中“国家将亡必有妖孽”“老而不死是为贼”的两句，以此攻击康有为是妖孽和贼。

维新派人士看后非常生气。当时康有为的弟子梁启超不声不响地挥笔题字，分别添在上下联的下面，原来的寿联遂变为：“国家将亡必有忠烈，老而不死是为人瑞。”意思、境界大改，众人读罢，称赞不已。

改春联风波

从前，一个村子里有一位能诗善文的秀才，很有名气。这天，村子里的学堂新来了一位先生，自命不凡，决心要和秀才比个高低。

大年初一，秀才刚拉开门，就看见有人在他的门口贴了一副红纸对联。上联写着“福无双至”，下联写着“祸不单行”，横批是“倒霉一年”。秀才想了想，知道是学堂里那位先生送给他的礼物，当下就取出笔墨，在上下联和横批后边分别加了几个字，就高高兴兴地拜年去了。

那位先生装着给村里一些有名望的人去拜年，顺路看秀才的笑话。他路过秀才家门口时，留神一看，大吃一惊。原来秀才一共加了十个字，便改变了对联的全部内容，上联成了“福无双至今晨至”，下联成了“祸不单行昨夜行”，横批成了“倒霉一年享乐终生”。那位先生气得直喘粗气，一声不响地走开了。

正月十六日，学堂开学了。先生刚醒来，就听见门外有几个学生在念对联，不时爆发出阵阵笑声。他心中一惊，急忙披衣起床，走出门来一看，不知是谁把他大年初一贴的对联，全改走了样。他原来的上联是“才高八斗”，下联是“学富五车”，横批是“为人师表”。现在却被改成了“才高八斗斗斗不满，学富五车车车皆空”，横批成了“为人师表表里不一”。先生知道是秀才回敬自己的，心中惊服不已，自思不是秀才的对手，当下就提上酒壶，到秀才家里赔礼道歉。从此，两个人成了一对好朋友。

【妙趣横生】

加“矣”添“乎”

钱谦益，字受之，号牧斋，明代崇祯时，官至礼部侍郎。福王即位，出任礼部尚书。为表忠节，自署一联，挂于堂前。联曰：“君恩深似海，臣节重如山。”

后清兵入关，钱谦益投降变节，还是担任尚书。有人痛恶其奸，于联尾各续一字云：“君恩深似海矣！臣节重如山乎？”